Testi: Andrea Bachini
Impaginazione e redazione: Pier Paolo Puxeddu+Francesca Vitale studio associato
Progetto grafico copertina: Isabel Rocìo Gonzalez

Fotografie:
Contrasto: © Erich Lessing pp. 97, 114; © Everett Collection p. 66
Corbis: © Atlantide Phototravel p. 94 basso

Dove non altrimenti indicato, le immagini appartengono all'Archivio Giunti

L'editore si dichiara disponibile a regolare le eventuali spettanze
per quelle immagini di cui non sia stato possibile reperire la fonte.

www.giunti.it

© 2007 Giunti Editore S.p.A.
Via Bolognese, 165 - 50139 Firenze - Italia
Piazza Virgilio, 4 - 20123 Milano - Italia

Prima edizione: novembre 2007

Ristampa	Anno
10 9 8 7 6 5	2018 2017 2016 2015

Stampato presso Giunti Industrie Grafiche S.p.A. - Stabilimento di Prato

GLI ANTICHI ROMANI

GIUNTI Junior

SOMMARIO

Panorama storico   pag.   6
L'Italia prima dei Romani   pag.   8
Le origini di una grande civiltà   pag. 12
Roma governata dai re   pag. 16
La conquista dell'Italia   pag. 22
La Repubblica: società ed economia   pag. 30
Lo stato repubblicano   pag. 38
L'esercito e la flotta   pag. 42
Alla conquista del Mediterraneo   pag. 48
La letteratura a Roma   pag. 56
La religione dei Romani   pag. 62
La crisi della Repubblica   pag. 66
Cesare e la fine della repubblica   pag. 72
Ottaviano Augusto   pag. 80
L'Alto Impero   pag. 84
Roma e la città romana   pag. 90
La casa   pag. 94
La vita privata   pag. 100
La vita pubblica   pag. 104
La scienza e la tecnologia   pag. 110
La crisi e il crollo dell'impero   pag. 114

Tavola cronologica   pag. 122
Indice analitico   pag. 124

Panorama storico

La storia della Roma antica si svolse nell'arco di tempo di 1200 anni. Secondo la tradizione la città fu fondata nel 753 a.C. Da piccolo agglomerato di capanne, arroccato su sette colli nel Lazio, una regione dell'Italia centrale, la città arrivò a creare un grande impero che unificò e pacificò per secoli gran parte del mondo occidentale, dall'Oceano Atlantico ai deserti dell'Arabia, dall'Inghilterra al Sahara. La parte occidentale dell'impero cadde ufficialmente nel 476 d.C. La parte orientale, nota come Impero bizantino, sopravvisse mille anni ancora.

LA CONQUISTA DELL'ITALIA

700 a.C.
500 a.C.
338 a.C.
302 a.C.
290 a.C.
241 a.C.

BRITANNIA
GALLIA
RETIA
NORICO
PANNONIA
DACIA
DALMAZIA
TRAC
NARBONENSE
ITALIA
IBERIA
MAURITANIA
AFRICA
MARE NOSTRUM

Roma sorse da un gruppo di villaggi intorno alla metà dell'VIII secolo a.C. ma divenne una vera città solo due secoli dopo, sotto l'influenza di un popolo più civilizzato che la dominava, gli Etruschi. Intorno al 510 a.C. i Romani cacciarono gli Etruschi e cominciarono lentamente a espandersi. Sottomisero popoli e città vicine, arrivando a dominare prima tutta la penisola italiana (264 a.C) e poi tutte le terre che si affacciavano sul Mar Mediterraneo, il *Mare Nostrum*, eliminando nemici potenti come la storica rivale Cartagine.

Nel corso di questi secoli, Roma si trasformò: accrebbe la propria popolazione fino a raggiungere, nel I secolo d.C., un milione di abitanti; si arricchì di splendidi monumenti; mutò la propria organizzazione interna, essendo prima governata da re (dal 753 fino al al 509 a.C.), poi divenendo una repubblica (dal 509 al 31 a.C.), infine, nella terza e ultima fase, un impero (dal 31 al 476 d.C.). Roma unificò un territorio che oggi appartiene a oltre 40 paesi diversi, diede a centinaia di popoli la stessa moneta, lo stesso esercito, lo stesso capo supremo. Vi riuscì grazie al genio organizzativo, a una grande tolleranza di usi e costumi diversi, insieme alla straordinaria forza ed efficienza del suo esercito che non esitava a reprimere, anche in modo crudele, ogni forma di ribellione.

L'Impero romano raggiunse la sua massima espansione alla morte dell'imperatore Traiano nel 117 d.C, quando arrivò a comprendere 40 province su un'area di circa cinque milioni di kilometri quadrati, la metà della Cina moderna. Oggi quel territorio appartiene a oltre 40 stati. La difesa di un dominio così immenso era affidata all'efficienza di fortificazioni fisse (il "limes") e a un esercito potente in grado di raggiungere in poco tempo ogni luogo dell'impero.

L'ESPANSIONE DELL'IMPERO

- 201 a.C.
- 100 d.C.
- 44 a.C.
- 14 d.C.
- 96 d.C.
- 106 d.C.

L'Italia prima dei Romani

Circa tremila anni fa arrivarono in Italia da Oriente alcune popolazioni appartenenti a una medesima famiglia di popoli: gli Indoeuropei. Tra questi, furono i Latini a insediarsi nella zona del Tevere, là dove sarebbe sorta Roma. L'insieme di questi popoli cominciò a sviluppare una propria identità intorno al 900 a.C., ma i primi a distinguersi nella penisola erano stati in realtà gli Etruschi, una popolazione stanziata in Italia da più tempo. Al sud della penisola, a partire dal 750 a.C., fiorirono invece le colonie greche che si mescolarono alle genti italiche, mentre altri popoli, come i Celti, i Liguri e i Veneti, popolarono l'Italia settentrionale.

Il "Guerriero di Capestrano", scultura in pietra calcarea di arte picena, del VII secolo a.C., raffigura un guerriero dell'antico popolo italico dei Vestini.

Un mosaico di popoli

Nell'Età del Ferro, verso il IX secolo a.C., quando i Latini non erano altro che una piccola tribù accampata sul Tevere, l'Italia era abitata da culture diverse, con proprie lingue, costumi, mestieri differenti. Almeno per altri cinquecento anni, le probabilità che fossero proprio i Latini a emergere sarebbero state scarse; altri popoli, soprattutto gli Etruschi e i Sanniti, sembravano infatti avvantaggiati.

I popoli dell'Italia preromana, i cosiddetti italici, vengono distinti in due gruppi, sulla base di somiglianze nella lingua parlata: il gruppo osco (al quale appartennero i Sanniti) a sud, e quello umbro (nel quale furono anche i Volsci e i Sabini) a nord. Le popolazioni che entrarono in contatto più stretto con Roma appartenevano a questo secondo gruppo e si trovavano sul versante tirrenico della catena appenninica: erano i Sabini, gli Equi, e i Volsci. Dalle vallate delle regioni centrali tra Abruzzo e Molise si diffusero invece i Sanniti che contesero a lungo a Roma il dominio dell'Italia centrale.

Tutti questi popoli preferivano vivere in insediamenti temporanei invece che in città, coltivando piccoli orti, pascolando pecore e vacche, commerciando con mercanti di passaggio e facendo guerra coi vicini; creavano piccoli capolavori di ceramica e metallo e onoravano i loro

Queste lamine d'oro, rinvenute nella colonia etrusca di Pyrgi, sulla costa tirrenica, risalgono alla fine del VI secolo a.C. e contengono un testo "bilingue" in fenicio e in etrusco, relativo a un trattato e alla consacrazione di un tempio. Sono considerate le prime fonti scritte della storia d'Italia.

dèi con sacrifici di animali. Tutti i popoli italici erano abili nell'arte della guerra ma, tra questi, i Sanniti erano più abili di tutti. Furono necessarie ben tre guerre ai Romani, tra il 343 e il 290 a.C., per sottomettere i Sanniti. Altri popoli importanti che popolavano l'Italia a quel tempo erano i Liguri, una popolazione dell'Italia nord-occidentale, già presente al momento dell'arrivo degli Indoeuropei, e i Veneti, arrivati dall'Europa centrale tra il 1000 e il 900 a.C.

L'Italia etrusca

La più famosa tra le tante culture dell'Italia preromana fu quella etrusca. Rispetto agli altri popoli che vivevano in Italia, gli Etruschi parlavano una lingua del tutto incomprensibile agli altri, costruivano splendide tombe affrescate e sapevano realizzare spettacolari gioielli. Soprattutto, essi hanno lasciato un'impronta importante nella civiltà romana. Di origine etrusca, d'altronde, furono i primi re che regnarono sulla città di Roma.
Gli Etruschi non conobbero rivali in Italia nel periodo compreso tra il IX e il V secolo a.C.: erano molto superiori come organizzazione politica e militare, per il

L'origine degli Etruschi

L'origine del popolo etrusco, la maggiore potenza della penisola italiana al momento della fondazione di Roma, è controversa. La loro civiltà nacque probabilmente dalla fusione tra una popolazione stanziata già da tempo in Italia, prima ancora dell'arrivo degli Indoeuropei, e una stirpe di immigrati orientali, provenienti forse dalla Lidia, un'antica regione dell'Asia Minore. Questi ultimi avevano imposto la loro lingua, ma soprattutto avevano importato, nell'Italia agricola e contadina, la più matura civiltà delle città, che aveva dietro di sé in Oriente una storia già millenaria.
Le città etrusche si espansero rapidamente dal loro centro originario, la Toscana, sia a nord, in direzione dell'Emilia e fino alle Alpi, sia a sud, verso il Lazio e la Campania.
Inevitabile fu l'incontro-scontro con la potenza di Roma. Centri principali della civiltà etrusca furono Volterra, Populonia, Spina, Chiusi, Cortona, Cuma.
A fianco, il "Sarcofago degli sposi" del VI secolo a.C.

LA MAGNA GRECIA

L'Italia meridionale fu colonizzata da uomini provenienti dalla Grecia a partire dall'VIII secolo a.C., quando in Grecia si verificò un periodo di ripresa delle attività artigianali che consentì la nascita di un ceto di uomini operosi e intraprendenti che tornarono a navigare per mare. La popolazione aumentò, nuovi empori furono fondati lungo le principali rotte marittime e alcuni di questi si trasformarono in colonie di popolamento. Cuma, in Campania, fu fondata nel 740 a.C., ma una colonia esisteva probabilmente già da una trentina d'anni a Ischia. In Sicilia, alcuni abitanti di Corinto fondarono probabilmente Siracusa nel 733; i megaresi colonizzarono Megara Iblea nel 728, i rodiesi e i cretesi Gela nel 689, dalla quale derivò Selinunte e nel 581 Agrigento. Altri Greci si stanziarono sulle coste ioniche dell'Italia: nel 721 fu fondata Sibari, nel 709 Crotone, nel 706 Taranto, nel 700 Metaponto.
In alto, statuetta magnogreca di cavaliere, VI secolo a.C.

livello culturale e per le capacità tecnologiche. Nella penisola essi trovarono ricche pianure agricole e, nella Toscana, abbondanti giacimenti di metalli da sfruttare. Grazie a questa posizione di vantaggio, la lega delle città etrusche entrò ben presto in conflitto, sia militare che commerciale, con i Greci che avevano le loro colonie nell'Italia meridionale.

L'ITALIA GRECA

Dall'VIII secolo a.C. i Greci si insediarono nelle pianure costiere del meridione e in Sicilia: Taranto e Napoli furono infatti città fondate dai coloni ellenici.
La prima colonia nel sud della penisola fu però Cuma, che rimase anche il punto più settentrionale che i Greci raggiunsero in Italia. Nel corso dell'VIII secolo, e poi in quello successivo, vennero fondate molte città in un impeto colonizzatore che dette vita a una vera e propria civiltà greca fuori dalla madrepatria, che prese dal VII secolo il nome di Magna Grecia, "grande Grecia", caratterizzata da spazi aperti e fertili, contrapposta alla "piccola Grecia", arida e cittadina, da cui i coloni provenivano.

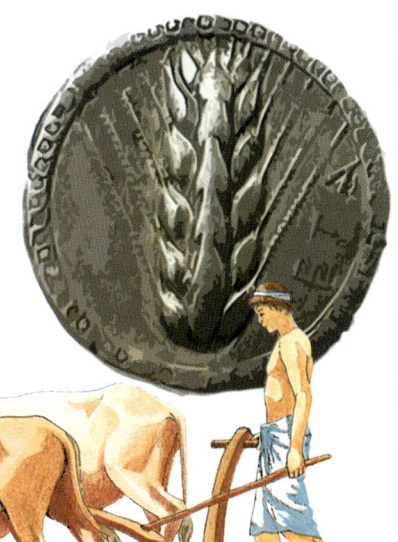

Le monete erano molto diffuse nel mondo greco. Qui sotto, statere d'argento ritrovato a Metaponto (530 ca. a.C.), con incisa una spiga di grano, simbolo della fertilità di quelle terre. Lo statere era un multiplo (il doppio) della dracma, la moneta più diffusa in Grecia.

LE ORIGINI DI UNA GRANDE CIVILTÀ

Le origini di Roma risalgono ai tempi in cui la penisola italiana era popolata di villaggi di contadini, sparsi tra montagne e grandi foreste, privi o quasi di accessi al mare e di rapporto con le più evolute società del Mediterraneo. Alcuni di questi villaggi abitati dai Latini, situati nel territorio del Lazio, verso la metà dell'VIII secolo a.C. si associarono sempre più strettamente costituendo così uno dei maggiori centri di aggregazione. Una leggenda, più tardi accettata dai Romani, fece risalire invece la fondazione della città all'opera di una mitico re: Romolo.

Secondo la storia

Il luogo in cui nacque Roma era in una posizione estremamente favorevole. Innanzitutto vi scorreva un fiume, il Tevere, e da sempre i fiumi erano importanti vie di comunicazione. In quel punto, poi, il fiume era facilmente guadabile perché si divideva in due rami che si ricongiungevano a formare un isolotto, l'Isola Tiberina; quel luogo inoltre era punto di incrocio di due strade, quella che dall'interno andava verso il mare, e quella che metteva in comunicazione l'Etruria con il Lazio e la Campania.

I villaggi che poi si federarono nella città di Roma sorsero su sette colli, nei pressi del Tevere, in una posizione ben difendibile e con un clima migliore di quello della pianura sottostante. Sulle sponde opposte del fiume si estendevano i territori etruschi.

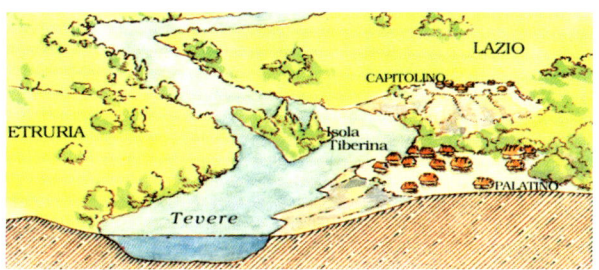

Già durante l'Età del Bronzo (XIV-XI secolo a.C.) erano perciò sorti nella zona alcuni insediamenti. Dal IX secolo a.C. nel territorio del Lazio venne dunque a stabilirsi la popolazione indoeuropea dei Latini: essi vivevano in villaggi di contadini e pastori con riti funerari e usanze diverse, ma uniti da un culto comune, quello del dio Giove che tutti probabilmente andavano ad adorare sul Palatino, il colle meglio difendibile dei sette che rendevano così caratteristico il paesaggio della zona.

Nel corso dell'VIII secolo, gli abitanti dei villaggi che erano sorti in modo indipendente su quei colli cominciarono a condividere i pascoli, a incontrarsi, a far circolare tra loro uomini e tecniche. Alla fine di questo processo di unione e fusione quei villaggi si trovarono a vivere come un'unica comunità, costruirono la prima cinta di mura, si organizzarono dal punto di vista militare ed elessero un re. Il Palatino era il centro di quella comunità, il luogo nel quale la gente si incontrava, faceva mercato, amministrava la giustizia: il Foro.

Il colle Palatino fu il primo ad essere abitato dai Latini a partire dal IX secolo a.C. Ai Latini si aggiunsero i Sabini sul Quirinale: la valle tra i due colli divenne così luogo di incontro e di mercato. Il terzo colle a essere abitato fu probabilmente l'Esquilino. Il Campidoglio, così come il Celio, fu abitato dopo il VI secolo a.C. Le comunità del Viminale e dell'Aventino si federarono per ultime alle altre.

Romolo ordina che venga tracciato il pomerio, il recinto sacro entro il quale sarebbe sorta la città di Roma e che era vietato attraversare armi in pugno. L'affresco, della metà del XVII secolo si trova al Palazzo dei Conservatori, a Roma.

Tra gli elementi costitutivi della leggenda di fondazione di Roma vi è il cosiddetto Ratto delle Sabine. Romolo, dopo aver fondato la città, si rivolse alle genti vicine per ottenere delle donne con cui popolarla.
Al loro rifiuto, organizzò un grande spettacolo per attirare gli abitanti della regione e rapirne le donne. Qui sotto, l'episodio è rievocato in un celebre dipinto di fine Settecento.

SECONDO IL MITO

Secoli più tardi, questa origine per così dire "normale" non poteva certo soddisfare l'orgoglio di una città che ormai era diventata potente e aveva già sottomesso molti popoli. Venne così elaborata, all'epoca dell'imperatore Augusto (fine del I secolo a.C.), una leggenda di fondazione, a noi giunta tramite le opere storiche di Tito Livio e quelle poetiche di Virgilio e Ovidio. Essa univa insieme antiche narrazioni legate alla guerra di Troia, arrivate probabilmente a Roma dal mondo greco tramite gli Etruschi, e alcuni racconti diffusi nel Lazio antico, incentrati sulla figura di un eroico fondatore.

Secondo dunque la leggenda ufficiale la città sarebbe stata fondata dal suo primo mitico re, Romolo, un discendente dell'eroe troiano Enea, a sua volta figlio della dea Venere: così i Romani potevano vantarsi di discendere addirittura da una dèa. Romolo avrebbe fondato la nuova città dopo aver ucciso il fratello Remo che aveva osato oltrepassare il recinto sacro (il pomerio) che Romolo stesso aveva tracciato per delimitare i confini della nuova città.

Ciò che è interessante notare è che i Romani, proprio negli anni in cui conquistavano il Mediterraneo, davano coerenza e mettevano per scritto racconti e leggende tramandate per secoli soltanto oralmente. In un certo senso, la conquista militare non bastava: occorreva sostenerla con una giustificazione di tipo ideologico. Ma vi era anche un motivo più politico: l'imperatore Ottaviano Augusto apparteneva alla *gens Iulia*, e Iulo era l'altro nome con cui era conosciuto Ascanio, il figlio di Enea. La famiglia che era stata di Cesare e alla quale apparteneva Ottaviano, il primo imperatore romano, attribuiva dunque a se stesso nobilissime origini.

> Questa statua di bronzo risale al VI-V secolo a.C. ed è il simbolo di Roma. Secondo la tradizione, la lupa allattò i due gemelli, Romolo e Remo. Per i Latini, come del resto per tutte le popolazioni delle regioni appenniniche in cui era diffusissimo, il lupo aveva un forte significato simbolico. Era un animale al quale si sentivano molto legati e dal quale si aspettavano protezione.

ROMOLO E REMO

Secondo il mito, Romolo e Remo, figli del dio della guerra Marte e di Rea Silvia, dovevano morire annegati per ordine dello zio Amulio, re di Alba Longa. Essi erano infatti nipoti di Numitore, che Amulio aveva rovesciato dal trono, e dunque potevano diventare rivali pericolosi. Abbandonati perciò alle correnti del Tevere, riuscirono a salvarsi dalle acque alle pendici del colle Palatino dove li trovò una lupa che li allattò. Quindi furono accolti in casa da un pastore del luogo. Conosciuta in seguito la loro origine, fecero ritorno ad Alba Longa dove spodestarono Amulio e ristabilirono il nonno Numitore sul trono. Poi, con un manipolo di uomini, tornarono ai piedi del Palatino per fondarvi una nuova città: Roma. Sopra, la leggenda in un arazzo del XVIII secolo.

15

ROMA GOVERNATA DAI RE

Nei primi 250 anni della sua storia, tra il 753 e il 509 a.C., Roma fu governata da una serie di re latini, sabini ed etruschi, anche se la tradizione ne ricorda soltanto sette. In questo lungo periodo di tempo la città conquistò nuovi territori, divenne grande e potente e strinse importanti rapporti con le altre civiltà del mondo mediterraneo.
La sua società venne organizzandosi in due categorie contrapposte di cittadini: i proprietari terrieri, più ricchi (i patrizi) e meno ricchi (i contadini), e i proletari che erano tutti gli altri cittadini. L'ultimo gradino della scala sociale era occupato dagli schiavi.

Sotto, una veduta del colle Palatino che, secondo la tradizione, fu il primo dei sette colli di Roma ad essere abitato.
A lato, base dedicata al fondatore Romolo che, successivamente, era stato divinizzato.

La Roma più antica

Fondata alla metà dell'VIII secolo a.C., Roma in realtà impiegò più di un secolo e mezzo a organizzarsi come città. Le tracce più antiche della sua struttura urbanistica risalgono infatti a circa il 575 a.C. anche se la lega dei villaggi latini raccolti attorno al colle Palatino già durante il VII secolo era retta da un re, che tuttavia sembra avesse soltanto compiti sacerdotali legati al culto di Giove. La lega dei villaggi veniva intanto integrando nuove popolazioni, come i Sabini ad esempio, popolazione alla quale appartennero il secondo, il terzo e il quarto re di Roma, cioè Numa Pompilio, Tullio Ostilio e Anco Marzio.

Al principio del VI secolo, la lega era il maggior centro del Lazio, occupando circa 100 kilometri quadrati con una popolazione variabile tra i 15.000 e i 20.000 abitanti. Fatto che la portò a entrare in contatto con quella che, a partire dall'VIII secolo, era la maggiore organizzazione politica della penisola italiana: quella degli Etruschi, in piena espansione, a partire dall'attuale Toscana, sia in direzione nord che sud. Gli Etruschi imposero loro re ai Romani.

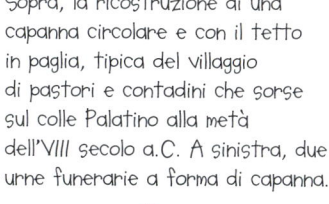

Sopra, la ricostruzione di una capanna circolare e con il tetto in paglia, tipica del villaggio di pastori e contadini che sorge sul colle Palatino alla metà dell'VIII secolo a.C. A sinistra, due urne funerarie a forma di capanna.

Roma deve molto alla civiltà etrusca, a partire da alcuni re. Sopra, la testa della statua di Hermes (Apollo), della fine del VI secolo a.C., che ornava il tempio della città di Veio, uno dei centri etruschi più importanti nei pressi di Roma. A sinistra, guerrieri in armi al suono del corno da guerra, su un vaso etrusco del VI secolo a.C.

Dipinto etrusco del VI secolo a.C. su terracotta, conservato al Louvre. Rappresenta probabilmente il sacrificio di Ifigenia.

Roma etrusca

Il quinto re di Roma fu infatti Tarquinio Prisco, figlio di un greco di Corinto immigrato in Etruria; egli fece di Roma una vera città sul modello di quelle etrusche e greche. Tarquinio organizzò la città dotandola di un'*agorà* (il Foro, la piazza centrale della città), di un acropoli (il Campidoglio, sede dei templi principali), di una *boulé* (la Curia, cioè l'assemblea pubblica dei patrizi che erano gli uomini più potenti della città), di un Senato (l'assemblea dei *patres familias*, ovvero i capi delle grandi famiglie aristocratiche, in latino

L'importanza del Senato

Il Senato romano fu la più autorevole assemblea dell'antica Roma, nata in origine come organo consultivo del re, anche se in effetti riuscì a essere veramente importante solo in età repubblicana. La parola deriva da "senex", vecchio, perché fin dalle origini i senatori erano solitamente anziani.
Il Senato non poteva dichiarare la guerra ma decideva le principali operazioni militari, amministrava i territori conquistati, regolava i culti religiosi, distribuiva le terre di proprietà pubblica ai coltivatori, curava la politica estera. Qui sotto, il "comitium", l'area del Foro in cui avevano luogo le assemblee cittadine.

18

> ## LA RIFORMA SERVIANA
> All'inizio del VI secolo a.C. il re Servio Tullio attuò una serie di riforme che rimasero punti cardine della vita pubblica di Roma. Egli divise i cittadini in base alla ricchezza, e sulla base di essa stabilì i diritti e i doveri di ciascuno. In base dunque al censo i cittadini potevano equipaggiarsi e arruolarsi nell'esercito: i più ricchi con più doveri e anche più privilegi. Servio Tullio poi suddivise tutti gli abitanti di Roma in tribù, a seconda del luogo in cui vivevano, superando così le antiche distinzioni di sangue; e tutti, latini, sabini e etruschi, si mescolarono all'interno delle nuove tribù territoriali.

gentes, che si occupava del governo della città ed eleggeva il re). A Tarquinio successe un altro re etrusco, Servio Tullio, che fortificò Roma con una cinta di mura lunga 8 kilometri, le Mura Serviane, e fece della lega latina una lega non più solo religiosa ma politico-militare.

A lui si deve la cosiddetta Riforma Serviana che modificò profondamente il modo di reclutamento dell'esercito romano aumentando il numero di uomini scelti non più secondo la loro origine, ma su una base territoriale che fu chiamata *centuria*. L'ultimo dei re etruschi fu Tarquinio detto il Superbo.

In seguito all'indebolimento della potenza etrusca, i re etruschi furono infine cacciati e finì il periodo della monarchia. Roma era ormai una città potente, forte militarmente e padrona della regione tra il Tevere e Terracina, con una popolazione variabile tra i 50.000 e i 60.000 abitanti.

Le Mura Serviane erano costituite da blocchi di tufo alti mezzo metro. Nei tratti pianeggianti erano rinforzate da un terrapieno (detto "ager") largo più di 30 metri.

LA SOCIETÀ
Al momento della caduta della monarchia, al principio del V secolo, la struttura di base della società romana era ormai definita. Essa appariva spaccata in due: da una parte i proprietari terrieri e gli allevatori

I plebei costituivano la maggioranza della popolazione, gente che viveva alla giornata e che all'occorrenza lo stato beneficiava di distribuzioni gratuite di grano.

di bestiame; dall'altra i *proletarii*, coloro cioè che al momento del censimento fiscale non avevano altro da dichiarare che i propri figli (la prole appunto) o se stessi.
Ai primi spettavano tutti i diritti, come quello di poter ricoprire cariche politiche, militari o religiose, e il dovere di pagare le tasse e di prestare il servizio militare; i secondi, l'assoluta maggioranza, vivevano invece ai margini. Ma anche i proprietari terrieri erano divisi: al vertice stavano i patrizi, grandi proprietari e allevatori che appartenevano alle famiglie più illustri e potenti; a essi si affiancavano i cavalieri (*equites*), i cittadini benestanti in grado di mantenere i cavalli e di combattere nella cavalleria, e dediti soprattutto alle attività imprenditoriali, commerciali e bancarie (che i patrizi ritenevano indegne di sé) legate all'accresciuta ricchezza di Roma.
Al di sotto di questo ceto stavano i piccoli e medi contadini che costituivano propriamente la "plebe", e che, a differenza dei proletari, erano obbligati a paga-

LA "GENS"

Nella Roma antica, più famiglie legate tra loro da vincoli di parentela costituivano una "gens" (che noi potremmo chiamare anche tribù), ossia un insieme di persone che portavano lo stesso nome gentilizio. La denominazione completa dei patrizi romani era dunque formata da tre termini: il prenome, ossia il nome personale; il nome gentilizio, ossia il nome della "gens" al quale appartenevano; e il cognome, ossia il nome della famiglia. Nella Roma arcaica la popolazione era suddivisa nei tre gruppi gentilizi dei Tities, dei Ramnes e dei Luceres, suddivisi a loro volta in dieci curie, che in caso di necessità dovevano fornire 100 fanti e 10 cavalieri ciascuna (in totale dunque l'esercito primitivo di Roma era costituito da 3000 fanti e 300 cavalieri) per le necessità della comunità.

Gli eroi delle origini

Il popolo romano non aveva una mitologia elaborata come quella dei Greci, che raccontava le imprese prodigiose di uomini favoriti dagli dèi, i quali lottavano contro creature mostruose per conquistare la gloria. I Romani idealizzarono invece imprese e personaggi della loro storia, esaltando nei loro eroi il coraggio e l'amor di patria, quelle virtù civili insomma che facevano di un uomo un vero "civis romanus", un cittadino romano. Gli eroi romani sono molti: valga per tutti la storia di Orazio Coclite che, "con un occhio solo", resiste da solo all'esercito etrusco che assediava Roma, permettendo ai propri compagni di distruggere il ponte Sublicio, unico accesso alla città. Quando il ponte crollò, malgrado una pioggia di frecce nemiche, Orazio riuscì a raggiungere a nuoto i suoi compagni sull'altra sponda. All'evento fu dedicata questa moneta di età repubblicana.

re le tasse e a prestare il servizio militare in quanto, appunto, proprietari dei terreni che lavoravano.

Patrizi e plebei

È proprio nel rapporto tra i patrizi, grandi proprietari, e i contadini, piccoli proprietari, che sta in un certo senso la chiave dell'intera storia romana. Indispensabili per il lavoro agricolo che costituiva la base della forza di Roma, ma anche soldati di fanteria dell'esercito romano, i contadini erano tuttavia pesantemente oppressi dai patrizi: ancora alla metà del V secolo essi potevano infatti essere venduti come schiavi se non riuscivano a far fronte ai propri debiti.

E la causa del loro impoverimento era data appunto dalle continue guerre che li costringeva sovente ad abbandonare i propri campi lasciandoli incolti, poiché non potevano ricorrere, come i patrizi, al lavoro degli schiavi. Come vedremo, fu proprio minacciando di non fare la guerra che la plebe avrebbe ottenuto alcuni fondamentali diritti.

Le società antiche, fino alla rivoluzione industriale del XVIII secolo, rimasero sempre legate alla terra, e i Romani non costituirono un'eccezione. Roma stessa era nata dalla fusione di villaggi di pastori e contadini.
Il clima della penisola del resto era molto adatto all'agricoltura.

21

LA CONQUISTA DELL'ITALIA

Tra il V e il IV secolo a.C. Roma fu coinvolta in un periodo di lunghi conflitti di frontiera contro i Sabini, gli Equi, i Volsci e, nel IV secolo, i Sanniti. Durante queste lotte Roma moltiplicò sia il suo territorio ("ager Romanus") sia le sue alleanze. Nel III secolo estese le sue conquiste alla Magna Grecia, arrivando a controllare, direttamente o tramite gli alleati, oltre un terzo della penisola italiana. La popolazione totale dei territori controllati da Roma giunse a contare circa tre milioni di persone.

I CONFLITTI ESTERNI

Nel V secolo a.C. Roma fu duramente impegnata a consolidare la sua presenza nell'Italia centro-meridionale. Prima di tutto fu costretta a domare una rivolta degli alleati latini ma soprattutto condusse un'interminabile guerricciola contro la città etrusca di Veio, che si trovava poco a nord del Tevere, e che fu vinta soltanto nel 396.

Alla metà del secolo i Romani dovettero invece sostenere, verso sud, la spinta dei popoli montanari dell'interno, i Volsci e gli Equi, che premevano in direzione della costa. Furono scontri duri, come capitavano spesso tra popolazioni contadine, poco mobili e armate in modo poco efficiente. La definitiva sconfitta dei Volsci e la conquista del porto di Anzio avvennero soltanto nel 338.

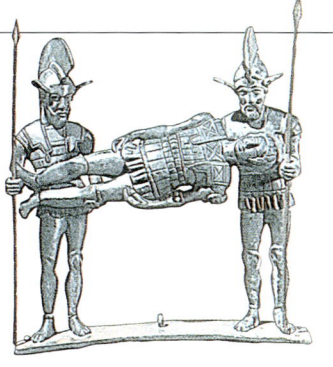

Nella pagina a fronte, un elmo del V secolo a.C. di probabile origine etrusca. Sopra, un gruppo di statuine raffiguranti due opliti (soldati) che sostengono un compagno morto, sul coperchio di un'urna cineraria etrusca.

Sopra, un elmo in ferro di manifattura celtica del IV secolo a.C., e una spada di tipo italico del V secolo a.C.

L'INVASIONE DEI GALLI

Al principio del IV secolo a.C. Roma conobbe una minaccia gravissima, che mise in pericolo non solo la sua potenza in lenta espansione ma la sua stessa esistenza come città, a causa di una tribù di Galli comandati dal re Brenno. Essi osarono addirittura occupare, saccheggiare e incendiare Roma, salvo poi ritirarsi dopo qualche mese, accontentandosi di un riscatto in denaro e probabilmente perché minacciati a nord dai Veneti. L'invasione dei Galli lasciò una traccia duratura nella coscienza dei Romani, che soltanto la conquista della Gallia a opera di Cesare, tre secoli dopo, avrebbe cancellato.

LA SOTTOMISSIONE DI ETRUSCHI E ALLEATI LATINI

Stipulato coi Galli un accordo che assicurava agli invasori il possesso della valle del Po (che venne chiamata Gallia Cisalpina), i Romani sottomisero la grande città etrusca di Tarquinia e, nel 358 a.C., gli alleati latini furono costretti ad accettare un patto che li trasformava, in effetti, in sudditi di Roma, costretti a pagare tasse e a fornire soldati. Il trionfo sui Latini fu reso possibile dall'alleanza di Roma con un popolo che abbiamo già nominato, che viveva in Campania e nelle montagne dell'interno dell'Italia meridionale: i Sanniti.

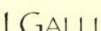

I GALLI

Erano un insieme di popoli guerrieri del gruppo etnico dei Celti che, nel corso del VI secolo a.C., avevano fondato regni potenti nell'Europa centro-occidentale, dalla Germania alla Francia (da loro deriva il nome di Gallia) fino alla Spagna. I sovrani galli, che combattevano ancora coi carri da guerra, erano ricchi e influenti: essi intrattenevano rapporti commerciali e culturali con i Greci dell'Italia meridionale e con gli Etruschi, e controllavano importanti giacimenti di metalli nell'Europa centrale. Verso la fine del VI secolo, a causa forse di un peggioramento del clima e dell'aumento della loro popolazione, i Galli cominciarono a spingersi verso i ricchi e caldi paesi dell'Europa meridionale. Alla fine del V secolo essi si erano installati nella Pianura padana, venendo in contatto prima con gli Etruschi e poi coi Romani.

24

LE LUNGHE GUERRE CONTRO I SANNITI

I Sanniti erano raccolti in una lega assai potente: nella loro spinta verso la costa erano riusciti a impadronirsi della colonia greca di Cuma e di quella etrusca di Capua, e puntavano decisamente al controllo della Campania, sulla quale avevano mire anche i Romani. Il conflitto tra Romani e Sanniti, nonostante che essi fossero alleati, fu inevitabile e dette origine alle cosiddette tre guerre sannitiche. La prima fu combattuta tra il 343 e il 341 a.C. e si concluse rapidamente e senza scontri di rilievo. La seconda durò oltre vent'anni, tra il 325 e il 304. Durante questa seconda guerra, i Romani subirono una dura sconfitta ma ebbero tuttavia risorse sufficienti per continuare la lotta.

La terza si svolse tra il 298 e il 290. Lo scontro decisivo ebbe luogo in Umbria, nel 295, quando fu in gioco il futuro assetto della penisola, perchè i Sanniti avevano nel frattempo cercato un'alleanza con i Galli a nord dell'Umbria e con gli Etruschi ribelli a Roma. Così tutte le maggiori potenze dell'Italia di allora, cioè appunto i Galli, gli Etruschi i Sanniti e i Romani si trovarono in campo (e per questo lo scontro è stato chiamato anche "battaglia delle nazioni"). Le legioni romane ebbero la meglio: immobilizzati i Galli a nord, frantumata la lega etrusca, i Sanniti furono quindi costretti alla resa nel 290.

Guerrieri sanniti dipinti sulla lastra di una tomba rinvenuta nei pressi di Nola, in Campania (fine del IV secolo a.C.).

Nell'anno 321 a.C. l'esercito romano subì una delle sconfitte più umilianti della sua storia in una gola sulle alture del Sannio. Qui i romani furono imprigionati con molta abilità dai soldati sanniti, e furono liberati soltanto dopo essere stati fatti passare sotto un giogo di lance, senza le armi e vestiti della sola tunica. L'episodio è passato alla storia come la battaglia delle Forche Caudine.

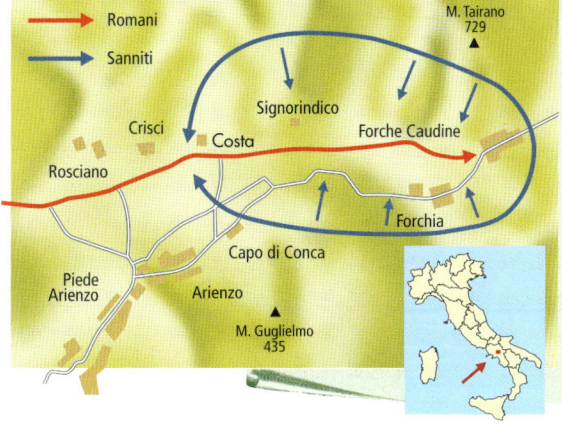

Un ritratto di Pirro, re dell'Epiro. La tradizione romana lo presentava come un generale coraggioso e un nemico leale.

Roma conquista la Magna Grecia

I Romani avevano così ormai via libera verso le ricche regioni interne della Puglia e verso la zona costiera dell'Adriatico meridionale, controllata dalla potente città greca di Taranto. I Greci d'Italia vedevano nella potenza romana, che ormai dominava l'Italia dall'Emilia alla Campania, un'alleata e una rivale allo stesso tempo. Un'alleata perché li aveva liberati dalla pressione dei popoli "barbari" dell'interno come i Volsci e i Sanniti; una rivale perché la spinta di Roma li avrebbe prima o poi sicuramente minacciati.

La guerra con Taranto in effetti scoppiò nel 282 a.C., neanche dieci anni dopo la fine della guerra coi Sanniti, a seguito dell'intervento romano a favore di alcune città greche che mal sopportavano il dominio di Taranto.

L'esercito di Pirro combatteva con lo schieramento a falange, tipico degli eserciti ellenistici. Una falange era composta da 1600 guerrieri disposti in 16 file serrate di 100 uomini, armati di lance lunghe e robuste. Ogni fila aveva lance più lunghe delle precedenti: quelle delle prime cinque file formavano una muraglia di punte insuperabile.

I Tarantini chiesero allora l'aiuto di Pirro, uno dei *diadochi* (successori) a cui era toccato, nella spartizione dell'impero di Alessandro Magno, l'Epiro, l'attuale Albania. Pirro sperava di costituire in Occidente quel grande regno che non aveva potuto realizzare in Oriente e sbarcò così nel 280 in Italia con un esercito potente. L'esercito romano si scontrava così per la prima volta con un esercito di tradizione ed efficienza militare ellenistica. Pirro vinse alcune battaglie che tuttavia non si rivelarono decisive: le sue truppe erano poco manovrabili fra le montagne e le foreste dell'Appennino, e i Romani offrivano un'accanita resistenza. Dopo aver tentato allora l'avventura di creare un proprio dominio personale in Sicilia, finendo col perdere l'appoggio dei suoi alleati siciliani e scontrandosi con la potenza di Cartagine, Pirro tornò in Italia nel 276 a cercar battaglia. Che trovò, e perse nel 275, sconfitto a Benevento dal generale romano Curio Dentato. Nel 272 Taranto cadde sotto il dominio romano.

Piatto del III secolo a.C: con al centro la figura di un elefante bardato da guerra seguito da un altro elefantino. Molti hanno voluto vedervi un ricordo del passaggio di Pirro nella sua guerra contro Roma.

Pirro sbarcò in Italia per combattere contro i Romani con un grande esercito: una falange di 20.000 uomini e 3000 cavalieri, e per la prima volta comparvero in Italia anche 20 elefanti da combattimento, che possiamo considerare come i carri armati dell'epoca. Gli elefanti provocarono un vero e proprio terrore nei soldati romani che, tuttavia, dopo l'iniziale sconfitta di Eraclea, in Lucania, nel 280 a.C., impararono a contrastarli facendo uso di carri falcati, muniti cioè di lame taglienti sulla testa e sul timone, sui mozzi delle ruote e sulle sponde.

27

L'aumento dei territori controllati da Roma fu accompagnato anche dalla crescita della popolazione: all'inizio del III secolo a.C. i cittadini romani erano circa 205.000.

ROMA DIVENTA UNA GRANDE POTENZA

All'inizio del III secolo a.C., Roma, uscita da quasi duecento anni di lotte tormentose per la supremazia in Italia, diventò una potenza di rango internazionale. Le vittorie su Pirro e sui Greci di Taranto dettero a Roma un'immensa fama e il re d'Egitto Tolomeo pensò bene di inviarvi un'ambasciata. Era dunque ormai comparsa una nuova protagonista sulla scena del mondo mediterraneo, collocata al centro, tra i regni ellenistici di Egitto e Macedonia a Oriente, e la potenza cartaginese sulla sponda meridionale e occidentale del Mediterraneo.

Ancora debole per mare, Roma era già virtualmente imbattibile sulla terraferma. Era infatti una potenza di tipo territoriale, saldamente radicata nella popolazione urbana e fra i contadini di vaste regioni agricole.

I Romani erano in grado di far ricorso a sempre nuove mobilitazioni di uomini che combattevano per difendere il territorio nazionale con una determinazione ben diversa da quella dei mercenari al servizio dei re ellenistici, come quelli che componevano l'esercito di Pirro, ad esempio. La struttura della società romana, la sua organizzazione e la sua specifica cultura erano alla base della sua espansione militare.

"DIVIDE ET IMPERA"

Buona parte del successo che i Romani ebbero nel costruire il loro dominio fu dovuto al rapporto che seppero stabilire con i popoli e le città sottomesse. Alcune erano federate a Roma, mantenevano cioè l'autonomia e i loro abitanti erano considerati alleati dei Romani, ma non tutte le città federate avevano lo stesso trattamento; altre, chiamate "municipi", erano anch'esse autonome ma dovevano prestare alcuni servizi come fornire milizie, vettovaglie e denaro in diversa misura, secondo l'obbligo che a ciascuna facevano i singoli trattati di pace. Vi erano poi le città fondate in posizioni strategiche da coloni provenienti dalla madrepatria, i cui abitanti erano perciò cittadini romani a pieno titolo.

Sopra, i resti della colonia di Minturno, fondata dai Romani all'inizio del III secolo a.C. per la difesa costiera della Campania.

I resti della colonia di Alba Fucens, fondata nel 303 a.C. nel territorio degli Equi. Durante la Seconda guerra punica, Alba fu punita per essersi rifiutata di inviare soldati in aiuto di Roma. In seguito si trasformò in un posto dove inviare importanti prigionieri, come Perseo re di Macedonia

29

La Repubblica: società ed economia

Con la conquista dell'Italia, Roma, che prima aveva le dimensioni di una modesta città agricola alla periferia del mondo mediterraneo, apparve decisamente come una delle civiltà emergenti. La sua potenza aveva una solida base sociale, dovuta alla coesione che riuscì a stabilire al suo interno, alla forte gerarchizzazione della società, ai tenaci vincoli di dipendenza e al consenso che riuscì a ottenere dai popoli sottomessi; e una forte impronta economica, fondata sulle rendite prodotte dalle grandi proprietà agricole e sui profitti che la guerra fu in grado di garantire.

La guerra: disastri e benefici per i contadini

Le lunghe guerre sostenute da Roma avevano pesato in modo particolare sui contadini, che costituivano il nerbo dell'esercito romano. Da un lato essi erano stati costretti ad abbandonare e svendere i propri campi, dall'altro potevano sperare di riacquistare, a spese dei popoli vinti, quelle terre che avevano dovuto cedere in patria ai grandi proprietari. Una parte dei territori degli sconfitti veniva infatti incorporata da Roma come *ager publicus* (terra pubblica): dopo il 200 a.C., le conquiste permisero di distribuire ai vecchi combattenti delle guerre vittoriose ben 50.000 piccoli poderi nell'Italia meridionale e settentrionale.

La guerra: benefici per i plebei ricchi

Molti plebei riuscirono ad approfittare delle guerre per ampliare le loro proprietà e fecero fortuna con il commercio e le attività artigianali, ai ricchi abitanti delle città italiche sottomesse a Roma venne esteso il diritto di cittadinanza romana: gli uni e gli altri costituirono così uno strato sociale di plebei ricchi. Essi premevano per entrare a far parte del mondo dei patrizi, o almeno dei cavalieri, e ottennero in effetti alcuni vantaggi: nel 445 l'abolizione del divieto di matrimonio tra plebei e patrizi, e soprattutto il diritto, acquisito nel 367, di poter accedere alla massima magistratura politica e militare: il consolato.

Poichè i consoli entravano di diritto a far parte del Senato una volta scaduti dalla carica e potevano trasmettere questo diritto ai figli, si formò così un patriziato minore di origine plebea.

Le città erano animate dai mercati all'aperto, che si tenevano in grandi piazze circondate da portici, dalle botteghe artigiane e dalla presenza di contadini e allevatori che venivano a vendere i loro prodotti. Si trovava una grande varietà di alimenti: olio e vino, di produzione locale ma anche importati, albicocche dell'Armenia, datteri dell'Africa, pesci di fiume e di mare. I macellai avevano carne di ogni tipo: manzo, vitello, maiale, asino, pecora, polli, cacciagione ma anche carne più ricercata come quella di ghiri e lumache. Tra botteghe e laboratori artigiani non mancavano poi le taverne, dove si beveva e si giocava d'azzardo.

31

Lo schiavismo era ben noto ai Romani anche prima delle grandi conquiste, era anzi già praticato dai Latini prima ancora della nascita di Roma. Durante il periodo monarchico e i primi secoli della repubblica, la famiglia romana comprendeva un certo numero di schiavi, in genere prigionieri catturati durante una guerra contro una città vicina, che venivano messi in vendita in un pubblico mercato. I più ricercati erano gli schiavi istruiti che potevano essere utilmente impiegati in casa anche come maestri. Nel III e nel II secolo a.C. le grandi conquiste fecero affluire in Italia, come prigionieri di guerra, migliaia di schiavi di nazioni estranee ai Romani. La loro condizione inevitabilmente peggiorò, in coincidenza col fatto che l'aumento del loro numero ne fece anche diminuire il valore.

Gli schiavi affrancati

Nella società romana un gruppo sociale che assunse via via particolare importanza fu quello dei "liberti" o schiavi liberati. Vi era una ragione quantitativa: le numerose conquiste avevano enormemente aumentato il numero degli schiavi disponibili; ma vi era anche una ragione qualitativa: molti degli schiavi romani provenivano dall'Oriente ellenistico ed erano uomini con notevoli capacità tecniche, conoscenze commerciali e linguistiche, spesso superiori a quelle dei Romani stessi. Era quindi conveniente utilizzarli come segretari, precettori, impiegati, e liberarli perché potessero dare il meglio di se stessi. Essi divennero così cittadini a pieno diritto, legati alla famiglia che li aveva liberati.

La clientela

Fra i cittadini vi era poi un rapporto, ignoto ai Greci, che costituiva al tempo stesso un elemento di unità della società romana, e una garanzia di stabilità del controllo delle grandi famiglie aristocratiche sull'insieme del popolo. Questo rapporto, che ha un'importanza fondamentale nella storia romana, è la "clientela". In virtù di essa, un plebeo, un cittadino povero e indifeso di fronte allo stato, si legava a una potente famiglia patrizia che diventava la sua patrona e che era tenuta ad assisterlo di fronte alle violenze e ai soprusi che i nobili e gli

stessi magistrati non esitavano a commettere contro i poveri privi di protezione. I clienti erano tenuti a loro volta a scortare in pubblico i loro patroni dando loro prestigio quanto più erano numerosi, votando per loro alle elezioni e, all'occorrenza, anche a combattere per loro. All'origine, prima che si formasse la classe dei plebei ricchi, tutti i plebei erano *clientes* di qualche nobile patrizio.

LA CITTADINANZA

Questo sistema di vincoli di dipendenza, di forte impronta gerarchica, dava stabilità alla società romana, rinsaldandola con la concessione di certi diritti o la prospettiva di acquisirne.

Il rapporto di clientela si conservò nei secoli. I servigi venivano ricompensati in denaro, anche quando i diritti dei cittadini furono equiparati.

Il cittadino romano, suddito in patria, poteva considerarsi come padrone degli stranieri sottomessi in guerra, come membro di un "popolo di signori". Persino a molti popoli sottomessi fu concesso il diritto di cittadinanza. Ciò garantiva alcune protezioni giuridiche contro gli arbìtri dell'apparato dello stato, del quale gli stranieri dovevano invece sopportare ogni sopruso; consentiva poi di non pagare il tributo imposto ai vinti; infine dava la speranza di partecipare alla divisione dell'*ager publicus*, cioè del territorio conquistato che andava ad arricchire i possedimenti di Roma. Per i più ricchi, questo avrebbe significato anche la possibilità di una carriera politica o militare. In cambio, il cittadino doveva pagare, come tutti i Romani, le tasse allo stato. In questo modo, tutti erano coinvolti nella comune impresa di conquista.

Nel 218 a.C. i cittadini romani (cioè i maschi liberi sotto i 17 anni) erano 270.000, in grandissima parte originari di Roma e del Lazio; nel II secolo essi erano già saliti a circa mezzo milione; nel I secolo a.C. erano circa 1 milione, cioè tutti gli abitanti dell'Italia. La prospettiva di acquisire la cittadinanza romana fu uno dei fattori che spinse molti popoli a sottomettersi a Roma.

Nell'antica Roma erano effettuati censimenti già dalla fine del VI secolo a.C. per valutare la classe sociale di appartenenza, ai fini dell'arruolamento militare, e la quantità di tasse dovute. Con l'avvento dell'impero i censimenti vennero estesi anche alle province conquistate allo scopo di conoscerne le risorse sfruttabili. Sopra, scena di un censimento dall'Ara di Domizio Enobarbo (I secolo a.C.).

Una villa rustica in un mosaico del IV secolo. Questo tipo di residenza di campagna divenne una grande realtà economica dopo il II secolo a.C.

LE BASI ECONOMICHE DELLA POTENZA ROMANA

Se le origini della prosperità di Roma stavano nella disponibilità di terre fertili e nella felice posizione geografica, di transito tra l'Etruria e la Campania greca, fu però dal IV secolo a.C., con la conquista dei territori dei Volsci e degli Equi, e poi della ricca Campania (338), che l'economia romana conobbe uno sviluppo importante.

I territori conquistati, in origine territorio dello stato, divennero infatti rapidamente di proprietà delle *gentes* più importanti: si formò così la grande proprietà, il latifondo, così tipico della società romana. Con la successiva conquista della Puglia, nel III secolo, tutto il Mezzogiorno d'Italia fu trasformato in un immenso pascolo per il bestiame dei ricchi signori romani. Queste immense proprietà, con migliaia di capi di bestiame, erano naturalmente condotte da grandi quantità di schiavi.

L'ARTIGIANATO

I mestieri artigiani erano molto sviluppati a Roma e nel resto dei domini, e crebbero in modo particolare all'epoca delle guerre contro Cartagine, per far fronte alle enormi necessità di 100.000 soldati in armi. In generale, il progresso dell'espansione, con l'esigenza di costruire strade, ponti, porti, edifici, contribuì notevolmente allo sviluppo di attività artigianali. Ecco quindi il diffondersi, in centri più o meno specializzati, di laboratori per la realizzazione di attrezzi in ferro, zappe, aratri, gioghi, chiavi, serrature, ceramiche, carriaggi, mantelli, tuniche, tegole, ceste, secchie da incendio, corde ecc. Molta produzione, soprattutto nella tessitura, era a livello familiare; non mancavano però aziende con più dipendenti, in parte schiavi, le quali potevano svilupparsi finché i mercati vicini erano in grado di assorbire i prodotti. I costi di trasporto erano infatti molto alti.

I PROFITTI DELLA GUERRA

Alla solida agricoltura italica si affiancò ben presto l'altra grande attività economica: la guerra. Per i Romani, a partire dal III secolo, la guerra cominciò a rendere molto di più dei sacrifici che imponeva, in virtù dei territori conquistati e dei tributi che le popolazioni soggette erano tenute a pagare. Si racconta che il grano siciliano, che cominciò ad arrivare a Roma dopo la conquista dell'isola, abbia nutrito Roma per quasi due secoli.

Tutti i cittadini romani si avvantaggiarono delle conquiste: nel 167 a.C. lo stato romano sospese addirittura il pagamento delle tasse, avviò una serie di opere pubbliche che davano lavoro alla plebe e poté permettersi di cominciare a elargire sussidi per i poveri. I più ricchi naturalmente poterono acquistare ancora più terre e schiavi (la casa di città di un senatore arrivò ad averne anche 400), e favorire molti più clienti, abbandonando ai cavalieri (*equites*) le attività commerciali.

A sua volta lo stato poté rafforzare l'apparato politico-militare necessario per garantire questo sfruttamento intensivo ma anche il consenso dei popoli sottomessi: la costruzione di strade, i grandi edifici pubblici, gli imponenti acquedotti, gli spettacoli nei circhi.

Macine da grano come questa, ricostruita al Museo della Civiltà Romana, dovevano essere azionate da due persone.

Tra i lavori agricoli, il più importante di tutti era l'aratura. Gli attrezzi agricoli furono per secoli molto primitivi: l'aratro era in genere di legno, senza le ruote e trainato da buoi aggiogati al collo. Soltanto in epoca medievale si sarebbe assistito a un significativo progresso tecnologico.

35

Un rilievo di età imperiale, rinvenuto in Germania, che raffigura una nave mercantile che trasporta un carico di botti di vino.

ROMA ENTRA NELL'ECONOMIA MONETARIA

Fu proprio con l'ingresso in Campania, cioè nel mondo greco, che Roma entrò nel mercato mediterraneo degli scambi, cessando di essere una potenza solo agricola. Verso il 350 a.C. venne allestito il porto di Ostia e qualche anno dopo quello di Terracina: Roma si affacciava così sul Mediterraneo occidentale, in competizione con i Greci d'Italia

e di Sicilia e soprattutto con i commerci cartaginesi.
In connessione con questi sviluppi, Roma entrò anche nell'economia monetaria, ai margini della quale era fin allora rimasta (con un ritardo di circa tre secoli rispetto ad Atene).
Intorno al 320 comparvero sul Foro i primi cambiavalute; all'inizio del III secolo Roma coniò le sue prime monete di argento, che ricalcavano modelli e pesi originali del mondo greco.

> Ostia fu fondata alla foce (detta "ostium") del Tevere nel IV secolo a.C. e nel giro di un paio di secoli divenne lo scalo commerciale di Roma, un porto marittimo e fluviale al quale affluivano navi provenienti da tutto il mondo mediterraneo, con il loro carico di schiavi, grano, pellicce, avori, ambra. La piazza principale della città era costituita da un porticato ove si trovavano gli uffici dei mercanti; nei pressi c'erano i magazzini per le scorte dei prodotti.

Le prime monete

Fino al IV secolo a.C. a Roma in pratica non circolavano monete, anche se all'epoca di Servio Tullio esistevano barre di rame con questa funzione. Monete di bronzo del peso di circa 300 grammi, chiamate "aes grave" o semplicemente "as", asse (come quello qui in basso), cominciarono a diffondersi appunto in quel periodo e possono essere ricordati come la prima moneta effettiva dello stato romano. Con i commerci, cominciarono però presto a circolare anche monete di argento coniate nelle città vicine e, al 320, si ha notizia della comparsa nel Foro di botteghe di cambiavalute. La prima moneta di argento di zecca romana, il "denarius", diviso in "quinarii" e "sestertii" (quest'ultimo, il sesterzio, diventò la moneta corrente di conto), apparve nel 269, destinata a rimanere per circa mezzo millennio il fondamento del sistema monetario romano, strumento potente di unificazione economica delle varie zone dell'impero.

Lo stato repubblicano

A differenza della repubblica ateniese, la repubblica romana non fu mai una democrazia, nonostante le conquiste che la plebe riuscì con il tempo a ottenere. A impedirlo ci fu la volontà dell'aristocrazia senatoria, impegnata a mantenere il controllo dello stato, e poi l'estensione del territorio, ben più grande di una città, e il numero crescente di cittadini. Tutta la vita politica finiva in pratica con lo svolgersi a Roma, dove i ricchi non avevano difficoltà a controllare i propri clienti.

ORDINAMENTO REPUBBLICANO

SENATO: 300 (600) membri — consiglia — ratificano

MAGISTRATURA:
- CONSOLI
- PRETORI
- CENSORI
- EDILI
- QUESTORI

nominano → DITTATORE (nomina il comandante della cavalleria)

TRIBUNI DELLA PLEBE
EDILI DELLA PLEBE

COMIZI CURIATI — COMIZI TRIBUTI — COMIZI CENTURIATI — ASSEMBLEA DELLA PLEBE

POPOLO ROMANO

Durante il regime repubblicano, i magistrati erano eletti dal popolo e i poteri erano distribuiti in modo tale che nessuno potesse prevalere sugli altri. Un'importanza via via minore ebbero i comizi più antichi, quelli curiati, che rappresentavano in origine le "gentes" e dai quali era escluso il popolo. Una figura particolare era il dittatore: si trattava di un capo supremo che i comizi centuriati eleggevano in caso di grave pericolo per lo stato.

I VERTICI DELLO STATO

Dopo la cacciata nel 509 a.C. di Tarquinio il Superbo, ultimo re di Roma, subentrarono a capo dello stato romano due *consoli*. Strumento del loro potere era l'*imperium*, cioè il diritto di comandare l'esercito, di procedere alla leva, di nominare gli ufficiali, di imporre tributi per necessità belliche, di punire, anche con la morte, l'indisciplina dei soldati. Come quasi tutti i magistrati romani, i consoli restavano in carica appena un anno e dovevano rendere conto del loro operato al Senato, ma, poiché essi appartenevano a questa assemblea, si veniva di fatto a creare una sorta di complicità tra consoli e senatori.

I consoli venivano eletti da quella che poi divenne la più antica e importante istituzione politica della repubblica, a fianco del Senato, i *comizi centuriati*.

Il voto nei comizi non era individuale ma per centurie, l'unità territoriale che Servio Tullio aveva in origine creato per reclutare i soldati: ogni centuria esprimeva un voto, per cui non contavano tanto le persone che votavano quanto il peso specifico di ognuna. La centuria dei proletari era infatti una sola, anche se i proletari erano i più numerosi di tutti, e dunque ininfluente.

Il sistema della centuria veniva usato poi, oltre che per il funzionamento politico dello stato, anche per imporre le tasse e per il servizio militare: il peso maggiore ricadeva sulle centurie più ricche, più numerose ma al tempo stesso composte da un minor numero di cittadini. I più poveri (le ultime cinque centurie) erano esentati dal servizio militare, ritenuti indegni di portare le armi in difesa dello stato.

Un rilievo che raffigura alcuni littori, coloro cioè che erano incaricati di difendere i magistrati più importanti. Il littore portava con sé i "fasces", che erano composti da 30 verghe e una scure.

La scultura, il cosiddetto Patrizio Barberini del I secolo a.C., raffigura un patrizio romano che tiene in mano i busti dei suoi antenati. Di norma erano i patrizi a percorrere la carriera politica (il "cursus honorum"). Essa iniziava in genere con la carica di questore, che poteva essere assunta a partire dai 31 anni. In età repubblicana, prima dei 43 anni non si poteva salire al consolato.

I TRIBUNI DELLA PLEBE E I COMIZI TRIBUTI

Nell'anno 494 a.C. i plebei ricchi si rifiutarono di combattere, attuarono cioè quella che venne chiamata una secessione, per avere più diritti. Ottennero così l'istituzione di una nuova importante magistratura, i tribuni della plebe, e delle relative assemblee (i *comizi tributi*).
I tribuni della plebe erano dieci e avevano il compito di proteggere la plebe dagli arbitri dell'aristocrazia senato-

ria; essi potevano mettere il veto (cioè impedire) alle decisioni del Senato, e in certi casi anche mettere sotto accusa i consoli. Nel 287 i comizi tributi, che rappresentavano assai meglio di quelli centuriati la composizione dell'elettorato, ottennero anche il potere di varare leggi valide per tutto lo stato e con il tempo diventarono il principale organo legislativo della repubblica, capaci di giocare un ruolo importante se l'aristocrazia che sedeva in Senato non era unanime nelle sue decisioni.

Le Leggi delle XII tavole

Un'altra conquista della plebe fu, alla metà del V secolo a.C., la stesura di un corpo di norme scritte, che mirava a togliere ai magistrati la possibilità di far passare la loro volontà per legge e ai cittadini di poter conoscere la costituzione fondamentale della repubblica e controllarne l'applicazione. Si tratta delle cosiddette Leggi delle XII tavole (dalle lastre di bronzo su cui erano incise), nelle quali si sancivano tuttavia alcune regole per noi primitive e crudeli come ad esempio il potere assoluto del padre sulla propria famiglia, o il diritto di poter vendere come schiavi i debitori che non pagavano.

I diritti della plebe non si sarebbero però perfezionati prima di un secolo, quando nel 367, con le leggi di Licinio e Sestio, si stabilì che uno dei due consoli poteva essere plebeo. E quindi i plebei poteronno così diventare anche senatori.

Copia di una delle XII tavole, oggi al Museo della Civiltà Romana. Le leggi delle XII tavole sono ispirate da una concezione morale e giuridica primitiva, espressione di una società contadina molto rozza.

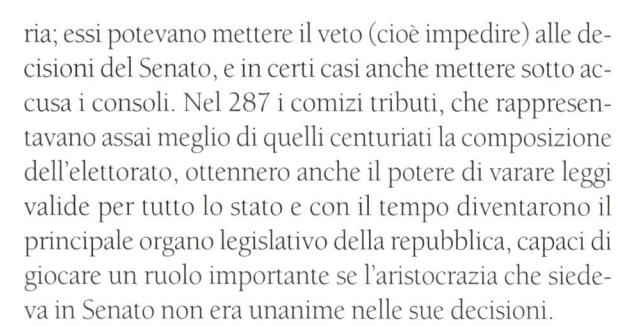

I MAGISTRATI

Tra il V e il IV secolo a.C. l'ordinamento repubblicano si avviò a raggiungere la sua forma definitiva e i vari incarichi, le varie magistrature, assunsero competenze abbastanza precise e distinte. Vi erano per esempio i questori, la magistratura più antica che aveva il compito di amministrare le finanze; ai questori furono presto affiancati gli edili che svolgevano compiti di polizia nei luoghi pubblici, nelle strade, negli edifici, nei mercati, durante le cerimonie religiose; vi erano poi i pretori, preposti all'amministrazione della giustizia. Tutte queste cariche duravano un anno. Un ruolo particolare avevano i censori che rimanevano in carica un anno e mezzo e dovevano fare un censimento della popolazione ogni cinque anni, valutare il patrimonio e quindi la tassazione di ciascun cittadino. Sopra, scena di un censimento dall'Ara di Domizio Enobarbo, I secolo a.C.

I CANDIDATI

La parola "candidatus", cioè "imbiancato", esprime l'antica consuetudine di coloro che volevano essere eletti a una carica di presentarsi in pubblico con una toga particolarmente bianca per richiamare l'attenzione; così la parola "ambizione" deriva da "ambitio", il giro elettorale nei quartieri di Roma e nelle città ammesse al diritto di voto, che i candidati compivano prima delle elezioni. In vista delle votazioni i candidati mobilitavano amici e clienti; per esibire il proprio prestigio, usavano girare per la città accompagnati da un folto corteo di sostenitori e, all'occorrenza, distribuivano ingenti somme di denaro agli elettori poveri. I seguaci di questo o quel candidato ricorrevano non di rado alla minaccia o alla violenza per ottenere i voti necessari all'elezione.

LE ELEZIONI

Molte e frequenti erano dunque a Roma le elezioni per i consoli, i tribuni ma anche per le magistrature minori come i censori, i questori, gli edili, attraverso le quali doveva passare chiunque, nobile o plebeo ricco, volesse intraprendere la carriera politica, il cosiddetto *cursus honorum*. Nel 225 a.C. i cittadini che avevano diritto al voto erano circa 300.000; verso la fine del I secolo a.C. erano 1.700.000 comprendendo soprattutto i nobili e i loro clienti, i ricchi abitanti delle città italiche e la plebe urbana di Roma.

Sotto, statua in bronzo detta "l'Arringatore"; è conservata al Museo Archeologico di Firenze e risale al II o al I secolo a.C. In basso, i resti della Basilica Emilia, fondata nel 179 a.C. nel Foro romano e abbellita dal console M. Emilio Paolo e da altri membri della famiglia. Vi si amministrava la giustizia.

L'ESERCITO E LA FLOTTA

L'espansione di Roma fu resa possibile in primo luogo da una formidabile macchina da guerra che crebbe con il tempo. Da primitiva organizzazione militare in grado di reclutare soltanto poche migliaia di uomini, l'esercito di Roma divenne infatti in età repubblicana un esercito di popolo, sempre più numeroso e organizzato, in grado di spostarsi velocemente su strade tracciate appositamente. Soltanto nel III secolo a.C. Roma si dotò anche di una flotta.

L'esercito romano era animato da un forte spirito di corpo, rappresentato dalle insegne. Ogni manipolo o "coorte" aveva la propria insegna che recava sull'asta le ricompense al valore meritate sul campo di battaglia. In alto, testa di ufficiale di età imperiale.

La guerra aveva un carattere sacro

Nell'antica repubblica romana la guerra aveva un forte carattere liturgico: essa non poteva venire dichiarata se non per difendere la città e proteggerne l'onore (i Romani non avrebbero mai ammesso di iniziare guerre per puri motivi di conquista), e doveva essere preceduta da tutta una serie di riti ai quali presiedevano appositi collegi sacerdotali, destinati ad assicurare la protezione divina sulle armi della repubblica.

Basamento della colonna onoraria del II secolo d.C. dedicata ad Antonino Pio. Sono ben visibili i cavalieri e, con le loro insegne, i soldati a piedi in parata.

Il cittadino soldato

L'esercito di Roma era in linea generale formato dall'insieme dei suoi cittadini iscritti alle centurie, esclusi gli artigiani e i proletari. Per un cittadino romano fare il soldato era un dovere quasi sacro e anche un privilegio perché sanciva l'appartenenza al corpo della città e il diritto di godere dei frutti delle sue vittorie. Era obbligatorio e riguardava gli uomini dai 17 ai 60 anni, che dovevano prestare servizio anche per dieci anni.

Capi supremi dell'esercito erano i due consoli, e anche gli altri ufficiali non erano militari di carriera ma uomini politici, cioè magistrati. Come tali, essi dovevano abbandonare l'esercito una volta scaduto il loro mandato. Questo fatto aveva un inconveniente: un comandante non aveva la possibilità di perfezionare la propria esperienza di comando. Per ovviare a questo problema, il Senato talvolta prorogava il mandato di un comandante. Agli ufficiali che avevano conseguito le più clamorose vittorie il Senato concedeva talvolta l'onore ambitissimo del trionfo per le vie di Roma.

Le armi variavano a seconda della ricchezza e delle funzioni dei singoli cittadini.
Quelle più diffuse erano la lancia, il giavellotto, l'elmo, la corazza di cuoio e, come quelli qui in alto, lo scudo e il "gladius" che era una spada corta.

L'esercito aveva un carattere nazionale: lo componevano piccoli e medi proprietari terrieri e lo comandavano ufficiali provenienti in genere dalle fila dell'aristocrazia. Fra il III e il II secolo a.C. non meno del dieci per cento della popolazione italica fu costantemente sotto le armi.

Verso un esercito di professione

Verso la fine del II secolo a.C. l'esercito romano, ormai lanciato alla conquista di vasti territori nel Mediterraneo, cominciò anche ad accettare i proletari ai quali il servizio militare offriva la possibilità di un lavoro retribuito e la speranza di una promozione sociale. L'arruolamento dei proletari, la lunghezza delle campagne di guerra, l'enorme estensione del territorio straniero da controllare che richiedeva di dislocare l'esercito anche a migliaia di chilometri di distanza da Roma, comporta-

La legione in battaglia

La legione dell'epoca arcaica combatteva secondo una tattica molto elementare, schierata su un fronte compatto: se si scompaginava di fronte all'attacco dei nemici, era perciò ben difficile potesse riprendersi. Le guerre sannitiche costrinsero però i Romani a riformare profondamente l'esercito: le legioni aumentarono di numero e vennero articolate su tre linee.
La prima linea era composta dai soldati più giovani, detti "astati" perché muniti di una lunga asta da lancio; la seconda dai "prìncipi", meno giovani ma anche meno inesperti; la terza dai "triarii", cioè dai veterani che per la loro collaudata capacità costituivano l'estrema risorsa. Scaglionate su tre linee, le legioni erano insomma più agili nelle manovre.

rono la trasformazione dell'esercito romano in un'armata professionale. Non più dunque il popolo in armi chiamato a difendere la repubblica, ma una vera e propria macchina militare di conquista e oppressione, che finì col tempo col costituire un corpo separato (e pericoloso) per lo stato romano.

La legione

L'organizzazione dell'esercito fu definita intorno alla metà del IV secolo a.C. quando, una volta superato il pericolo gallico, nacque quella struttura della *legione* che avrebbe costituito, per molti secoli, il più formidabile strumento da guerra mai conosciuto nel mondo antico.

La legione era composta da circa 3000 uomini e rappresentava un adattamento dello schema della falange macedone, della quale era meno compatta ma assai più agile e manovrabile sui terreni difficili come i monti e le boscaglie dell'Italia centrale. Era un eccellente strumento di guerra, la cui forza stava tuttavia nella compattezza dei suoi uomini che erano cittadini che parlavano la stessa lingua e avevano la stessa origine, e nell'efficienza delle sue retrovie. I Romani infatti avevano un vasto e popoloso territorio agricolo da cui provenivano sempre nuovi fedeli soldati che non avrebbero tradito, come spesso facevano i mercenari.

Elemento base della legione era la centuria, composta da 100 soldati; due centurie formavano un manipolo, tre manipoli una coorte. Ogni legione sarà organizzata sulla base di questo schema in 10 coorti (cioè 30 manipoli e 60 centurie), in totale 3000 uomini. Vi era poi la cavalleria, divisa in 10 squadroni di 30 uomini (in totale 300) che aveva la funzione di proteggere i fianchi della legione.

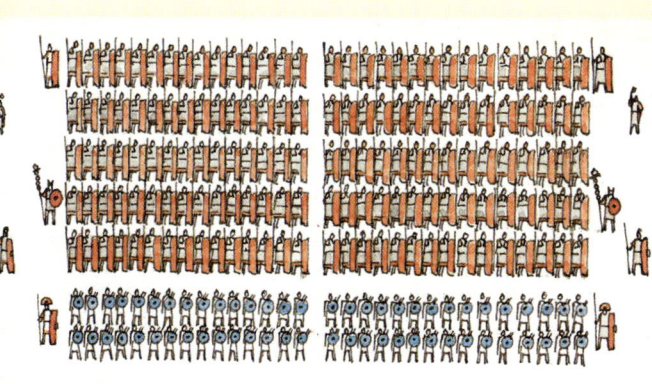

Una delle caratteristiche di forza della legione era la profondità del suo schieramento, che la rendeva particolarmente adatta a resistere all'urto dei nemici. Un reparto speciale era quello dei "véliti", che col lancio dei loro giavellotti dovevano provocare il nemico nella fase iniziale del combattimento per ritirarsi poi dietro le file degli altri soldati.

Nel costruire una strada, stabilito lo spazio della carreggiata, in genere 4 o 5 metri, il terreno veniva scavato in profondità e poi riempito con strati sovrapposti di pietre, calce, sabbia e selce.

La prima via pavimentata costruita dai Romani fu l'Appia, opera di Appio Claudio Cieco, censore intorno al 310 a.C.
Essa all'inizio arrivava fino a Capua e poi fu prolungata fino a Brindisi. Altre strade importanti, costruite tra il III e il II secolo a.C., furono la Via Clodia, che attraversava l'Etruria interna, la Via Aurelia, che arrivava in Liguria passando per l'Etruria costiera; la Via Cassia che portava ad Arezzo; la Via Emilia, a nord dell'Appennino, che collegava Rimini con Piacenza.

LE STRADE ROMANE

Le legioni potevano arrivare rapidamente in qualsiasi zona del territorio romano grazie alle grandi strade che venivano costruite di pari passo con l'espansione militare di Roma. Questo era un compito che spettava allo stato e richiedeva ingenti spese: le strade perciò divennero più numerose dall'inizio del II secolo d.C. grazie alla massiccia quantità di ricchezze che arrivarono all'erario romano in seguito a guerre vittoriose.

Alla manodopera pensavano gli schiavi, ma furono spesso richiamati anche cittadini e frequente fu l'impiego dell'esercito per erigere ponti e opere di difesa.

LA FLOTTA

Roma aveva dunque un esercito che era diventato rapidamente e virtualmente imbattibile sulla terraferma, e non aveva mai sentito la necessità di costruire una flotta per le battaglie navali. Questa necessità si presentò nel 261 a.C., all'epoca delle guerre contro Cartagine, quando fu chiaro che non sarebbe stato possibile sconfiggere una potenza che si trovava al di là del mare e che aveva invece una flotta temibile. Venne dunque deciso di allestire una potente marina da guerra che comprendeva un centinaio di quinqueremi con l'ag-

All'attacco con i "corvi"

Nel 260 a.C., Roma ottenne un successo del tutto insperato sulla flotta cartaginese nelle acque di Milazzo. I Cartaginesi confidavano nella propria superiorità e sottovalutarono infatti un ingegnoso artificio che i Romani avevano architettato per trasformare la battaglia navale (durante la quale i nemici avrebbero di certo sfruttato le loro capacità di manovra), in uno scontro ravvicinato molto simile a un combattimento terrestre. L'arma segreta era costituita da alcuni ponti mobili chiamati "corvi", che da un lato erano assicurati sulla prua delle navi romane e dall'altro erano muniti di uncini. I corvi, tenuti in posizione verticale durante la navigazione, vennero lasciati cadere sul fianco delle navi nemiche al momento dell'arrembaggio in modo da agganciarle e permettere ai soldati di passare.

giunta di "corvi", sorta di agganci che dovevano favorire l'arrembaggio alle navi avversarie e trasformare così una battaglia navale in un corpo a corpo. A questa prima fase, nella quale si preferirono costruire navi pesanti adatte all'arrembaggio, ne seguì un'altra in cui si privilegiarono navi più maneggevoli, biremi oppure galere.

Oltre ai remi, le navi disponevano anche di una vela quadrata per sfruttare la forza del vento. Più tardi, sulla prua fu issata anche una seconda vela per le andature di traverso.

Alla conquista del Mediterraneo

Se il IV secolo a.C. era stato per Roma un periodo di consolidamento e di espansione nel cuore dell'Italia, il III secolo, apertosi con la guerra contro Taranto e Pirro, fu invece un periodo di lotte spietate. Roma si trasformò in una specie di "repubblica imperiale" padrona del Mediterraneo occidentale, ma per ottenere questo i Romani dovettero sconfiggere un nemico temibile: Cartagine.

Le origini del conflitto con Cartagine

Diversi fattori, dopo che Roma ebbe conquistato la città greca di Taranto, spingevano Roma e Cartagine allo scontro. Il primo era che Cartagine, padrona del Mediterraneo occidentale e della Sicilia, non poteva tollerare una potenza come Roma ai propri confini. In secondo luogo, il Senato romano era spinto alla lotta dagli interessi dell'aristocrazia della Campania e della plebe.
La prima puntava a estendere i suoi possessi in Sicilia, la seconda si aspettava bottino e ricchezze dalla conquista dell'isola. Gli esiti della guerra contro Cartagine fecero di Roma la maggiore potenza del mondo antico.

Per ricordare la vittoria del console Caio Duilio a Milazzo, fu eretta nel Foro romano una colonna "rostrata", che recava cioè come trofei le riproduzioni particolareggiate delle prore di navi nemiche, munite di rostri per lo speronamento, l'arma più terribile nelle battaglie navali. La vittoria del 260 a.C. fu l'inizio dell'espansione mediterranea di Roma.

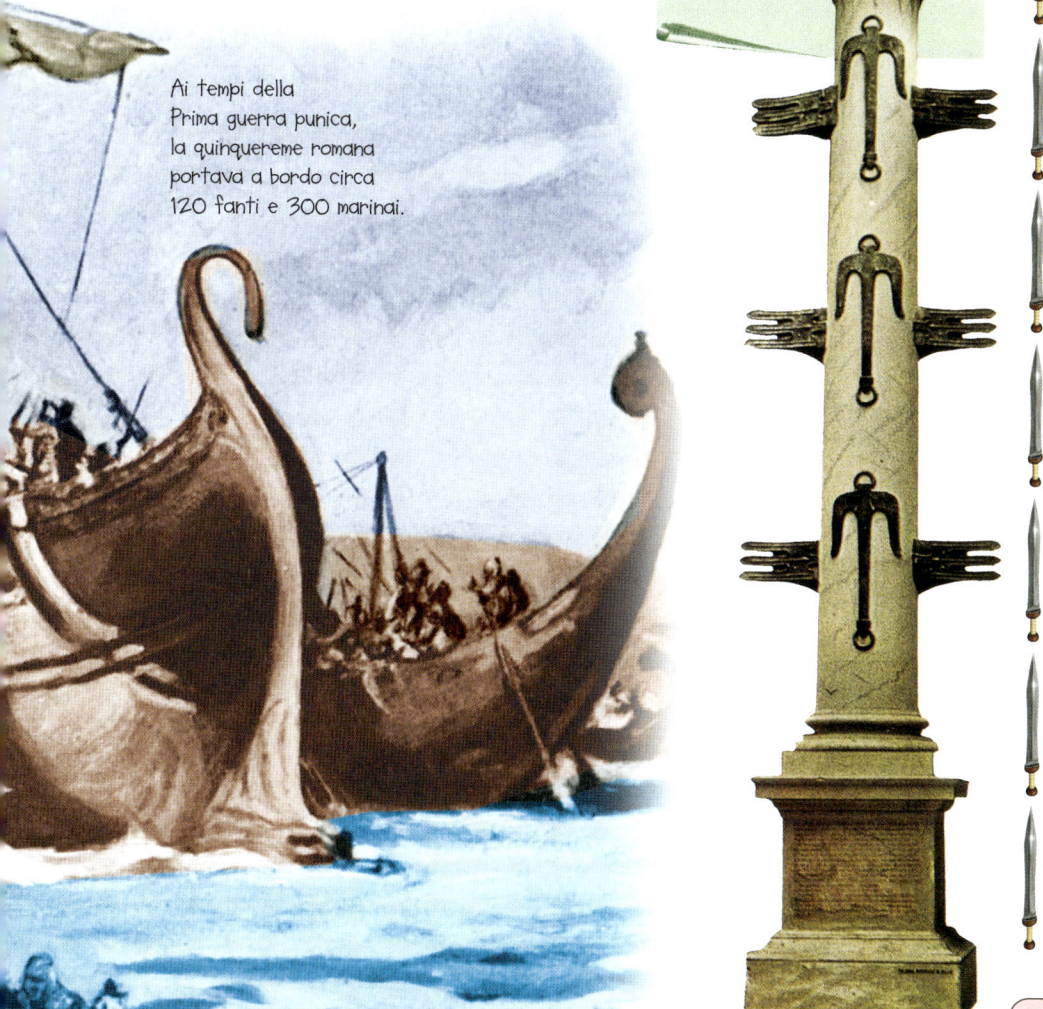

Ai tempi della Prima guerra punica, la quinquereme romana portava a bordo circa 120 fanti e 300 marinai.

La Prima guerra punica

Il grande conflitto che era destinato a devastare intere regioni d'Europa iniziò nel 264 a.C.. I Mamertini, mercenari italici al servizio di Agatocle, signore greco di Siracusa, si erano rivoltati e avevano occupato la città di Messina, chiedendo aiuto a Roma. Nonostante l'incertezza del Senato, che temeva i rischi di una guerra, i comizi curiati votarono l'appoggio ai Mamertini e, con esso, la guerra. Nello stesso anno, il console Appio Claudio Caudice sbarcò in Sicilia e occupò Messina; nel 263 i Romani conquistarono Siracusa, nel 261 Agrigento. In quell'anno fu anche decisa, come si è detto, la costruzione di una flotta che consentì per la prima volta nel 260 una grande vittoria romana sulla flotta cartaginese a Milazzo.

Nella cartina, il confronto tra i domini di Roma e quelli di Cartagine allo scoppio della Prima guerra punica. Sotto, trionfo romano a Milazzo in un affresco rinascimentale (Roma, Palazzo dei Conservatori).

La potenza secolare di Cartagine

Al principio del III secolo, lo Stato cartaginese si estendeva su una superficie di circa 70.000 kilometri quadrati, con una popolazione di circa 4 milioni di abitanti. La sua potenza era tutta sul mare: i traffici delle sue navi toccavano l'Africa, la Sicilia, la Sardegna, la Corsica, le Baleari, la Spagna meridionale dove tenevano sotto controllo lo stretto di Gibilterra. I mezzi necessari al mantenimento della flotta da guerra erano forniti dai tributi delle città costiere, che Cartagine manteneva sotto il suo controllo, e delle tribù libiche dell'interno; ma anche dal grande sviluppo che avevano preso le vaste tenute agricole dei grandi proprietari. Alcuni trattati, stipulati nel corso di due secoli e mezzo, avevano garantito ottimi rapporti tra Cartagine, potenza marinara, e Roma, potenza terrestre in ascesa.

Sulla base di questa nuova forza navale, Roma decise allora di portare la guerra direttamente sul territorio africano: nel 256 il console Marco Attilio Regolo sbarcò vicino a Tunisi con ben 15.000 uomini ma la cavalleria e gli elefanti cartaginesi seppero opporre una tenace resistenza e l'esercito del console fu distrutto. La guerra proseguì quindi con alterne vicende fino al 241 quando la flotta romana, che era andata completamente distrutta ed era stata poi ricostruita con enormi sacrifici, inflisse una dura sconfitta a quella cartaginese presso le isole Egadi. Cartagine si rassegnò allora a firmare una pace molto dura, che le impose di lasciare la Sicilia e di pagare un tributo, mentre i Romani ne approfittarono per impadronirsi anche della Sardegna e della Corsica.

La minaccia dei Galli

Terminata la Prima guerra punica, Roma si vide minacciata di nuovo da un vecchio, nemico: i Galli. Nel 232 a.C., il console Flaminio aveva distribuito ai coloni plebei le terre dei Galli Senoni in Romagna, spingendo così più a nord l'influenza romana. Allarmati, gli altri grandi

Prima della conquista romana, la Sicilia era ripartita in due zone di influenza: l'una sotto controllo cartaginese, l'altra invece divisa tra decine di città di etnia e cultura greche (nella cartina, rispettivamente, in blu e in rosso). Queste ultime, erano divise tra loro secondo la consuetudine della madrepatria, ma attratte comunque nell'orbita della più potente Siracusa.

Nella cartina, l'estensione dei domini cartaginesi e romani alla vigilia della Seconda guerra punica, e i luoghi delle principali battaglie.

Publio Cornelio Scipione l'Africano (235-183 a.C.) fu generale e uomo politico. Sopravvisse al disastro della battaglia di Canne, e a Zama, nel 202, sconfisse Annibale.

popoli galli dell'Italia settentrionale, i Boi e gli Insubri, si prepararono alla guerra. Roma, che non aveva dimenticato l'invasione del 390, cadde preda del panico. Fu proclamata la leva di massa: 30.000 romani e 120.000 alleati italici furono messi in campo. Roma, alla fine, sconfisse i nemici e si installò definitivamente nella Pianura padana, anche se per consolidare le sue conquiste occorse qualche decennio.

La Seconda guerra punica

Cartagine non si era rassegnata. Le sue risorse, derivanti dal commercio, dallo sfruttamento delle terre africane, dalle ricche miniere della Spagna, erano ancora troppe perché essa potesse considerarsi sconfitta. A guidare la controffensiva si pose un generale e un politico per molti aspetti simile ai grandi condottieri ellenistici: Annibale, appartenente alla famiglia dei Barcidi, che comandava la Spagna per conto di Cartagine. La Seconda guerra punica ebbe inizio appunto in Spagna, quando nel 219 a.C. Annibale attaccò Sagunto, una città alleata di Roma, e il Senato, nel 218, dichiarò la guerra. E mentre Roma armava la sua flotta per combattere Annibale in Spagna, questi giocò d'anticipo e organizzò una spedizione in Italia con un esercito di 26.000 uomini e 21 elefanti. Il generale cartaginese percorse vittorioso la penisola, apparendo a molti italici come un liberatore, e si avvicinò a Roma che tuttavia non strinse d'assedio, decidendo invece di proseguire verso il meridione forse per creare un proprio regno.

A Canne, in Puglia, nel giugno 216, Annibale inflisse all'esercito romano quella che fu la maggiore disfatta subita dalla repubblica, mentre altre due legioni venivano massacrate dai Galli Boi nel nord. Roma sembrava vicina alla disfatta. Ma nel 212 passò alla controffensiva, contando anche sull'errore di Annibale che, una volta in vantaggio tattico, non mise la città sotto assedio. I Romani ripresero così Taranto e

La battaglia di Canne

Lo storico greco Polibio (203-120 a.C.), nelle sue "Storie", racconta come la vittoria cartaginese a Canne sia stata dovuta soprattutto alla superiorità tattica di Annibale (qui un busto che lo ritrae), e alla sua capacità di manovrare un esercito composito, formato da Galli, Cartaginesi, Iberici e Numidi. Avendo sfondato al centro, che Annibale aveva volutamente indebolito, i Romani si trovarono schiacciati ai fianchi dalla fanteria pesante cartaginese, e accerchiati alle spalle dalla veloce cavalleria numida. Oltre settantamila romani, a detta dello storico greco, trovarono la morte sul campo di battaglia, e tra questi circa seimila cavalieri. Soltanto tremila soldati romani sarebbero riusciti a fuggire nelle città vicine.

Capua e conquistarono Siracusa. Nel 207, la svolta: i Romani intercettarono infatti l'esercito, al comando del generale Asdrubale, che i Cartaginesi avevano nel frattempo inviato in soccorso di Annibale. La sconfitta di Asdrubale aprì ai Romani la via della Spagna, ormai priva di guarnigioni cartaginesi. Nelle mani del generale romano Publio Cornelio Scipione caddero le preziose miniere d'argento spagnole, cioè la principale fonte di entrate per Cartagine. Il generale sbarcò poi in Africa con 25.000 uomini costringendo infine Cartagine alla resa nel 202.

Con il trattato che ne seguì, Cartagine fu costretta a rinunciare alla Spagna e a pagare un tributo. A nulla valse la ripresa della guerra, imposta dal popolo cartaginese, affamato per i costi del tributo: Scipione sconfisse definitivamente Annibale a Zama nel mese di ottobre. A quel punto Cartagine dovette rinunciare anche alle regioni africane della Numidia, rimanendo in pratica confinata alla dimensione di piccola città.

Statuina del I secolo a.C. Gli elefanti da guerra venivano principalmente utilizzati nelle cariche per scompaginare i ranghi dei nemici. L'esercito cartaginese, sul modello greco ellenistico, ne faceva uso.

La Terza guerra punica

Il saldo finale dei conti con Cartagine avvenne una cinquantina di anni più tardi. Cartagine aveva ricostruito una propria prosperità grazie allo sviluppo intensivo di alcune coltivazioni come la vite e l'olivo, e la sua concorrenza preoccupava i grandi proprietari romani, come Catone, assai influenti in Senato. La guerra scoppiò così un'ultima volta nel 149 a.C.

Nel 146, il console Scipione Emiliano si impadronì di Cartagine e la rase al suolo, trasformando il territorio su cui sorgeva in un deserto consacrato agli dèi di Roma. Più tardi, nel 106, anche i Numidi, vecchi alleati dei Cartaginesi, furono assoggettati ai Romani.

Il luogo su cui era sorta Cartagine non rimase a lungo disabitato. I Romani vi fondarono una nuova città che divenne il centro principale della provincia romana d'Africa.

LA CONQUISTA DELL'ORIENTE

Roma, padrona dell'Occidente, aveva messo in piedi un tale apparato militare che era ormai difficile da smobilitare: conveniva piuttosto utilizzarlo in vista di nuove terre, bottini e tributi. I sovrani ellenistici, dal canto loro, ricchi di denaro ma poveri di uomini, pensarono di utilizzare Roma e il suo esercito quasi come uno stato mercenario per risolvere le proprie controversie. Fu così che Attalo, re di Pergamo, sollecitò l'intervento roma-

I REGNI ELLENISTICI

Quando Roma, all'inizio del II secolo a.C., si affacciò alle porte dell'Oriente greco, questo era da tempo diviso in diversi regni in mano a dinastie macedoni che si erano affermate dopo la morte di Alessandro Magno nel 323 a.C.
Il regno più ricco e potente era quello egiziano, fondato da Tolomeo, uno dei generali di Alessandro. L'Asia minore, la Siria e la Mesopotamia erano invece in mano ai discendenti di Seleuco, altro generale di Alessandro, che aveva dato vita alla dinastia dei Seleucidi. In Asia minore tuttavia i Seleucidi avevano visto nascere regni periferici come quello di Pergamo e quello del Ponto. In Macedonia e in Grecia si era invece consolidato il regno di Antigono Gonata; anch'esso aveva visto formarsi a Occidente un regno indipendente: il regno di Pirro, re dell'Epiro. Sopra Alessandro Magno in un mosaico pompeiano che risale al 150 a.C. circa.

no contro Filippo V di Macedonia. Nel 201 a.C., l'anno successivo alla fine della Seconda guerra punica, Roma intervenne dunque contro la Macedonia; quindi fu il turno della Siria, poi, qualche anno più tardi, ancora contro la Macedonia che, nel 148, fu definitivamente trasformata in provincia romana. A Roma arrivarono tali ricchezze a seguito di quella conquista che, nel 167, furono abolite le tasse ai cittadini della capitale.

Nel 146 i Greci si ribellarono contro l'oppressione romana. A insorgere fu la grande città di Corinto, il maggiore centro commerciale e produttivo di quel tempo.

Ma anche Corinto, come già Cartagine, fu incendiata e il suo territorio ridotto a un deserto. Quindi i Romani istituirono un dominio diretto in Asia minore nel 129, quando si impadronirono del regno di Pergamo che il defunto re Attalo III, pur di non lasciare in mano ai poveri e agli schiavi che erano in rivolta, aveva dato in eredità ai Romani.

La rivolta della Spagna

Dal 154 a.C. entrarono in rivolta le popolazioni spagnole contro l'oppressione della famiglia degli Scipioni che consideravano quei territori come dei possessi privati. I Celti di Spagna, molto uniti e determinati nel difendere la loro terra, inflissero molte sconfitte ai Romani, finché nel 133 Scipione Emiliano, il distruttore di Cartagine, non riuscì a conquistare Numanzia, la loro capitale.

L'intera penisola iberica fu così saldamente nelle mani di Roma, il cui impero si estendeva dalle coste dell'Atlantico al cuore dell'Anatolia. Le maggiori minacce a questo dominio sarebbero venute a questo punto soltanto dall'interno.

*Il saccheggio e la distruzione delle città, come fu il caso di Corinto nel 146 a.C. (qui in alto, le rovine), servivano da avvertimento alle altre, per scoraggiarne eventuali tentativi di ribellione.
Opere d'arte, statue di ogni tipo arrivarono a Roma, finendo con l'orientare il gusto romano verso la civiltà greca.
Sotto, corazza macedone del IV secolo a.C.*

La letteratura a Roma

Nei primi cinque secoli della sua storia, come generalmente avviene per i popoli primitivi, Roma ebbe una cultura essenzialmente orale che ha lasciato poche tracce di sé. La svolta si ebbe nel contatto diretto col mondo greco, dopo la conquista di Taranto nel 272 a.C.
Dopo di allora Roma, ormai potenza mediterranea, assunse anche dal punto di vista culturale il ruolo di grande capitale: fiorirono così il teatro, la poesia, l'oratoria, la storiografia.

L'alfabeto latino deriva da quello greco con adattamenti, aggiunte e soppressioni. La lettera F fu utilizzata ad esempio per il suono "f", ignoto al greco; la lettera Z, che in greco compariva, non venne invece utilizzata a lungo perché il suono corrispondente non esisteva in latino. Sopra, un'iscrizione nella basilica Emilia, nel Foro romano.

La cultura delle origini

Dalla sua fondazione nell'VIII secolo a.C. Roma non ebbe una produzione letteraria e neppure filosofica o scientifica, salvo qualche tradizione popolare e contadina. In quei primi secoli, la cultura romana fu infatti essenzialmente orale, legata ai diversi momenti e occasioni della vita quotidiana, pubblica e privata: preghiere, formule rituali e propiziatorie, canti funebri o conviviali, massime e proverbi erano composti e tramandati a memoria di generazione in generazione. Tutta questa produzione, oltre che orale era anche anonima: nella Roma delle origini non esisteva la figura del letterato o, comunque, non si attribuiva importanza all'autore di un componimento. Per questo non conosciamo il nome di nessuno scrittore latino prima del III secolo a.C.

Forme espressive diffuse in quei primi secoli furono iscrizioni, dediche, didascalie incise su monumenti e tombe, suppellettili di uso domestico, che testimoniano l'uso dell'alfabeto e della lingua latina più antica.

Una delle più antiche testimonianze scritte della lingua latina è un documento pubblico del VI secolo a.C. detto Lapis Niger, la "pietra nera", rinvenuto nel Foro romano, sotto un lastricato di marmo nero. La sua iscrizione, incisa in un alfabeto latino arcaico, fa riferimento a un rituale sacro. In basso, la Fibula Praenestina, spilla in oro ritrovata a Palestrina, che contiene un'iscrizione che è forse il più antico documento scritto in latino.

La lingua latina

Gli studiosi ritengono che la lingua latina, di ceppo indoeuropeo come la maggior parte delle lingue oggi parlate in Europa, sia stata portata nel Lazio verso il II millennio a.C. da uomini provenienti da una zona non ben definita dell'Europa centrosettentrionale. In Italia, il latino si arricchì di parole a contatto con le lingue preesistenti, l'etrusco, l'osco-umbro e il celtico, ma soprattutto dell'alfabeto, attraverso i Greci stanziati in Campania. Verso il VII secolo, grazie alla trascrizione alfabetica dei suoni, il latino aveva ormai raggiunto una struttura propria e ben definita, ma occorreranno ancora secoli perché esso possa dar vita a una vera e propria letteratura. Le prime testimonianze scritte del latino a noi pervenute risalgono alla fine del VI secolo a.C.

Il teatro e la poesia

Fu necessario aspettare cinque secoli, dalla fondazione di Roma, per avere notizie delle prime opere vere e proprie, prodotte però non da un romano ma da un greco di Taranto, Livio Andronico. Roma rimase infatti a lungo dipendente dalla cultura greca, prima per il tramite degli Etruschi, poi direttamente.

Per lungo tempo tuttavia l'aristocrazia di Roma mantenne una profonda diffidenza verso la cultura greca, espressione di un mondo che aveva alle spalle una lunga serie di conflitti, e perciò potenzialmente pericolosa per gli equilibri sociali del mondo romano.

Livio Andronico, catturato nel 272 a.C., era uno schiavo; egli tradusse anche in latino l'*Odissea*, ponendo così le premesse per lo sviluppo di due dei maggiori generi letterari romani, appunto il teatro e la poesia epica.

La commedia

Nel II secolo a.C. Roma ebbe un suo primo grande autore di commedie, che in gran parte si ispirava ai modelli greci: Tito Maccio Plauto (254-184 a.C.), nelle cui opere si potevano trovare i caratteri di un'umanità varia, costituita da popolani, prostitute, vecchi avari e usurai, mogli infedeli, soldati millantatori e pieni di boria. Gli abiti degli attori erano greci ma le situazioni e i personaggi erano profondamente romani.

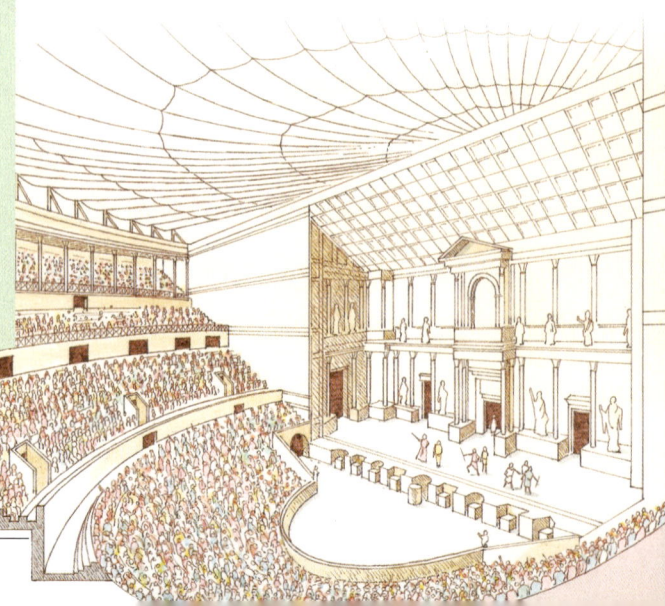

Costumi, tuniche, maschere e gli attributi dei vari personaggi, come il bastone per il padrone o la spada per il soldato, erano tutti di derivazione greca. Sopra, maschere teatrali tragica e comica in un mosaico del I secolo a.C.

Il teatro romano aveva una cavea semicircolare che comprendeva le gradinate destinate al pubblico e poi il fronte scenico con il fondale, il proscenio, il palcoscenico per gli attori e un'orchestra che era la zona compresa tra lo spazio dedicato al pubblico ed il palcoscenico. L'orchestra era di forma semicircolare ed era occupata dai posti riservati ai senatori e ai personaggi importanti, mentre il coro agiva sul proscenio insieme agli attori. In Grecia l'orchestra aveva invece forma circolare e serviva per le evoluzioni del coro, mentre gli attori recitavano sul proscenio.

La satira

Un particolare tipo di composizione poetica di origine italica era la satira che ebbe il suo primo rappresentante in Caio Lucilio (180-102 a.C.).
Caratterizzata da un linguaggio aggressivo e burlesco, la poesia di Lucilio metteva in ridicolo lo spirito dei propri tempi, la crisi spirituale che era seguita alla vittoria su Cartagine, proponendo nuovi o rinnovati ideali.

La prosa

A Roma eccellevano i trattati di politica e le opere di storia. L'oratoria, cioè un genere letterario che si rivolgeva al pubblico su argomenti di interesse collettivo, raggiunse un notevole livello con Marco Porcio Catone (234-139 a.C.), grande nemico della moda diffusa a Roma di imitare i Greci. Tra le opere di storia, fu tipicamente romana l'annalistica, cioè quella disciplina che teneva il conto degli avvenimenti secondo l'ordine degli anni in cui si erano verificati.

Tra gli strumenti musicali utilizzati in una rappresentazione teatrale vi erano cimbali in bronzo, flauti, sistri. Sopra, le rovine del teatro romano di Leptis Magna (inizio del I secolo d.C.), sulla costa africana.

Il protagonista dell'"Eneide" è Enea, genero di Priamo re di Troia. In seguito alla distruzione della sua città e dopo varie peripezie, Enea sbarca nel Lazio dove, messi d'accordo Latini e Troiani, sposa la figlia del re latino Lavinia, e in suo onore fonda la città di Lavinio. Suo figlio Ascanio fonda invece Alba Longa. Sotto, Iapige medica Enea ferito, affresco pompeiano del I secolo a.C.

Il periodo classico

Il periodo più splendido della cultura, e della letteratura latina in particolare, fu tra il I secolo a.C. e il I secolo d.C., in cui i modelli greci vennero rielaborati adattandoli allo spirito romano. Fiorirono all'epoca di Giulio Cesare (100-44 a.C.) la poesia lirica, l'oratoria e la storiografia; all'epoca dell'imperatore Augusto (63 a.C.-14 d.C.) ebbero grande importanza l'epica, la poesia con valore civile e la poesia amorosa.

Tra i poeti epici, Lucrezio (98-55 a.C.) si era rivelato nell'ultimo secolo della repubblica esaltando nella sua opera *De rerum natura* la filosofia di Epicuro (341-271 a.C.); nella poesia amorosa era emerso Catullo (84-54 a.C.), rievocando il suo amore per Lesbia.

Augusto volle che la grandezza di Roma fosse celebrata dal canto dei poeti che trovarono alla sua corte una generosa accoglienza: Virgilio (70-19 a.C.), che nell'*Eneide* celebrava la storia di Roma trasformata in una grande epopea; Orazio (65-8 a.C.), che nelle sue *Odi* esaltava la gloria della città senza trascurare i temi dell'amore e dell'amicizia; Tibullo (55/50-29 a.C.) e Properzio (49-15 a.C.) che esploravano il mondo dei sentimenti nelle loro *Elegie*; Ovidio (43-18 d.C.), geniale inventore di narrazioni, celebre soprattutto per le sue *Metamorfosi*, una raccolta di favole che, secondo la tradizione greca, narrano le trasformazioni di personaggi in piante e animali.

L'"Eneide"

L'"Eneide" è il più importante poema epico della cultura latina. Scritto dal Publio Virgilio Marone tra il 29 a.C. e il 19 a.C., rimase incompiuto per la morte dell'autore. Il poema narra la storia di Enea, un principe troiano fuggito dopo la caduta della città, che viaggiò fino all'Italia diventando il progenitore del popolo romano. I primi sei libri raccontano la storia del viaggio di Enea da Troia all'Italia, mentre la seconda parte del poema narra la guerra dei Troiani contro i Latini. Sopra, Virgilio ritratto in un codice del V secolo d.C.

La storiografia

Riguardo alla storiografia, nell'ultimo secolo della repubblica essa si arricchì delle opere di Giulio Cesare, con il suoi resoconti sulla conquista della Gallia e della guerra civile; e di Sallustio (86-34 a.C.), fonte preziosa per ricostruire alcuni avvenimenti come ad esempio la cosiddetta congiura di Catilina. Sotto Augusto fiorì inoltre uno dei più grandi storici di Roma, Tito Livio (59-17 d.C.), che scrisse una monumentale *Storia di Roma*. Dopo di lui Tacito (55-117 d.C.), celebre per la descrizione che ha lasciato del popolo dei Germani, e Svetonio (70-126 d.C.), che fornisce alcune preziose indicazioni per ricostruire la vita degli imperatori romani.

Marco Tullio Cicerone (qui in un busto della metà del I secolo a.C.) fu scrittore e filosofo nonché uomo politico dell'ultimo periodo della repubblica romana. Scrisse alcune decine di orazioni.

L'oratoria

Nel periodo classico, ebbe una grande fioritura anche l'oratoria, che ebbe un maestro in Marco Tullio Cicerone (106-43 a.C.) Negli ultimi anni della repubblica, l'oratoria, cioè la capacità di parlare in pubblico e di convincere chi ascolta, fu una delle armi più efficaci in mano ai vari uomini politici che se ne servirono per ottenere i loro obiettivi. L'oratoria aveva dunque un fine molto pratico: sconfiggere a parole un avversario.

Il successo nella vita pubblica dipendeva in gran parte dalla capacità di tenere discorsi davanti a un grande uditorio. Esistevano perciò vere e proprie scuole per imparare quest'arte.

LA RELIGIONE DEI ROMANI

La caratteristica principale della religione romana era il politeismo: i Romani avevano infatti un cielo popolato di dèi, la cui esistenza, come in tutte le religioni primitive, era motivata dal tentativo di dare una spiegazione ai fenomeni della natura. La famiglia, dove si onoravano le anime degli antenati, era la sede originaria dei riti religiosi. Ma agli dèi i Romani tributavano anche un culto pubblico, la cui funzione essenziale era di mantenere unita la comunità.

Molte divinità romane avevano un corrispettivo nel pantheon greco. Giove si identificava con lo Zeus greco, Giunone con Hera, Minerva con Atena, Diana con Artemide, Venere con Afrodite, Nettuno (dio del mare) con Poseidone, Vulcano (dio del fuoco) con Efesto.

1 Giove, dio dei più potenti fenomeni celesti quindi capo di tutti gli dèi
2 Apollo, dio del sole
3 Giunone, regina degli dèi
4 Diana, dèa della caccia
5 Minerva, dèa della sapienza
6 La dèa della Vittoria
7 Giano, dio degli inizi e delle porte
8 Esculapio, dio della medicina
9 Il dio Sole
10 Mercurio, messaggero degli dèi
11 Marte, dio della guerra
12 Venere, dèa dell'amore

ALLE ORIGINI

La religione delle primitive tribù latine era di tipo animistico e consisteva nella credenza in un numero infinito di "spiriti" che avevano sede in determinati oggetti e località: Terminus, "lo spirito della pietra di confine"; Vesta, "lo spirito del focolare", Penates, "gli spiriti della dispensa" e molti altri. In seguito si immaginò che alcuni spiriti esercitassero una speciale attività connessa con le occupazioni quotidiane degli uomini e li si concepì perciò come *numina* (divinità): la maggior parte presiedeva ai lavori agricoli e ogni fase della lavorazione della terra era collegata con un *numen*, così ad esempio Sarritor per la sarchiatura, Ocator per l'erpicatura... La religione delle origini celebrava però i suoi riti soprattutto all'interno della famiglia quale primo nucleo sociale, e aveva come capo, cioè sacerdote, il *pater*. Il pater presiedeva ai riti degli antenati defunti, che venivano onorati in casa attorno al focolare, e a quelli in onore dei Penates, che dovevano proteggere la famiglia e la sua prosperità. A essi si aggiunse il Lar, numen protettore della famiglia. Al pater spettava poi celebrare i riti adatti per ingraziarsi le potenti forze della natura, per ognuna delle quali doveva propiziare l'apposito numen.

Per la religione romana, gli eventi del mondo erano condizionati dalla volontà di divinità buone e cattive. Un buon comportamento poteva allontanare gli eventi negativi e per questo si eseguivano rituali come i sacrifici animali. Su un altare dove era stato bruciato l'incenso, un toro, un maiale o una pecora erano aspersi di vino e poi uccisi secondo un preciso rituale.
Poi i sacerdoti esaminavano le interiora degli animali per interpretare il volere degli dèi.

Il pantheon romano

Già prima della fondazione di Roma, alcune delle più antiche entità spirituali avevano acquistato una posizione preminente. Fra esse, oltre a Vesta, ai Lari e ai Penati, vi erano Giove, Marte e Quirino, che costituirono la prima triade di dèi dell'antica Roma, poi sostituiti per influsso etrusco da Giove, Giunone e Minerva.

Il numero degli dèi si accrebbe ulteriormente per mezzo di quelli che i Romani assumevano dalle città che conquistavano.

Successivamente entrarono in Roma anche le divinità greche, che per la maggior parte dei casi finirono per identificarsi con quelle latine simili. Si completava così un processo, già iniziato dagli Etruschi, che trasformò le antiche entità impersonali di una religione che credeva nelle forze della natura in dèi con una precisa figura fisica, simili agli uomini.

Importanza politica della religione

La religione ebbe sempre a Roma un ruolo decisivo nel mantenimento della coesione sociale e nel rafforzamento del senso di identità nazionale del popolo romano. I Romani avevano una grande considerazione dei riti della loro tradizione ma, appunto, soprattutto in questo consisteva la loro religiosità: nell'attaccamento a

---

Qui sotto, una statuetta di Lare da Pompei. I Lari erano figure della mitologia romana che rappresentavano gli spiriti protettori degli antenati defunti che, secondo la tradizione, vegliavano sulla casa, sul buon andamento della famiglia e sugli affari domestici in genere. Gli antenati defunti venivano raffigurati con una statuetta di terracotta o di cera collocata in un'apposita nicchia: un vero e proprio altare domestico. In particolari occasioni, i Lari erano onorati con l'accensione di una fiammella.

Le vestali

Le vestali erano sei sacerdotesse consacrate alla dèa Vesta (a lato, i resti del tempio nel Foro romano) e costituivano uno dei più antichi ordini sacerdotali di Roma. Il loro compito era di mantenere sempre acceso il fuoco sacro alla dèa, che rappresentava la vita stessa della città. Era compito del "pontifex maximus" sceglierle tra le fanciulle dai sei ai dieci anni e vigilare al fine che esse rimanessero vergini per trent'anni al servizio della dèa. Le circondava un'aura di venerazione e di rispetto generale, ma la minima trasgressione all'obbligo di castità implicava la condanna a morte immediata: venivano sepolte vive, separate per sempre dal contatto col resto dell'umanità.

un insieme di pratiche destinate a guadagnare e a mantenere la protezione divina sulle attività pubbliche e private, a garantire l'armonia fra il mondo degli dèi e quello degli uomini. Importava molto meno, ai Romani, trovare nella religione il conforto di una vita dopo la morte.

Le magistrature religiose

Da questo derivava il gran numero di magistrature romane incaricate di vegliare sul corretto svolgimento dei riti. La maggiore era costituita dal collegio dei pontefici, presieduto da un *Pontifex Maximus*, che fu sempre controllato dalle maggiori famiglie patrizie. I pontefici stabilivano il calendario, le feste, i giorni propizi alle funzioni politiche, l'insieme delle cerimonie pubbliche.

Simile era il ruolo degli àuguri, cui spettava il compito di decifrare gli auspici inviati dagli dèi (colti nei fenomeni metereologici, nel volo degli uccelli, nell'ispezione delle viscere degli animali sacrificati): auspici negativi potevano indurre gli àuguri a sospendere attività politiche, elezioni, imprese militari sulle quali a loro parere non si esprimeva il favore degli dèi. Per questa via essi potevano influire direttamente sulla vita politica della repubblica.

Come vedremo, con la formazione dell'impero la religione romana accentuò ancora di più questo carattere politico: nacque infatti il culto dell'imperatore, al quale si doveva tributare omaggio come a una divinità.

I culti orientali

Nel contatto con il mondo greco Roma si aprì in epoca imperiale ai culti di origine orientale, come quelli di Demetra, di Dioniso, della Grande Madre. Si trattava di culti che si rivolgevano non alla comunità ma ai singoli e che tentavano di rispondere ai grandi interrogativi dell'uomo. Essi furono tollerati almeno finché, come avvenne col Cristianesimo, non contestavano la supremazia di Roma.

Ogni famiglia romana aveva un altarino domestico consacrato al culto dei Lari, di cui si occupava il capofamiglia.

In basso, una scena di iniziazione in un particolare dal ciclo di affreschi della Casa dei Misteri a Pompei (I secolo d.C.). Tra i culti di derivazione orientale che si diffusero a Roma, quello di Dioniso fu occasione di pratiche segrete, dette Baccanali, tenute in un bosco sacro cinque volte al mese. Il Senato vietò i Baccanali nel 186 a.C.

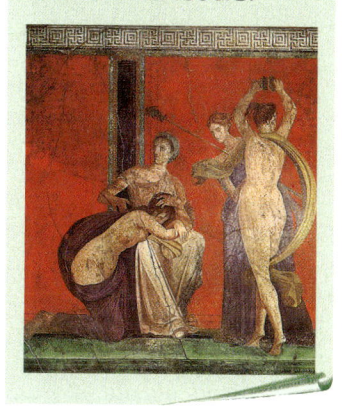

LA CRISI DELLA REPUBBLICA

Tra il II e il I secolo a.C. le guerre di conquista avevano ormai fatto di Roma un formidabile centro economico e politico, in cui comandavano poche famiglie aristocratiche che si erano arricchite con le guerre, mentre i piccoli proprietari si erano impoveriti. In Italia erano inoltre arrivati milioni di schiavi. La situazione, a partire dall'88 a.C., portò a una serie di rivolte e a una generale instabilità politica che sfociarono in un periodo di guerre civili che dilaniarono la società romana e terminarono solo nel 31 a.C. Molti Romani si trovarono a combattere tra loro, non più fedeli a Roma ma al proprio comandante.

Per la maggior parte degli schiavi, la rivolta non era altro che il tentativo disperato di tornare a casa, magari a migliaia di chilometri di distanza. Nella foto, una scena del film "Spartacus" del 1960.

Le rivolte degli schiavi

Tra il II e il I secolo a.C., in seguito alle conquiste di Roma, gli schiavi in Italia divennero quasi 3 milioni su una popolazione di 4 milioni di uomini liberi; essi erano concentrati a migliaia negli immensi latifondi che i senatori romani possedevano nell'Italia meridionale e in Sicilia, oppure nelle grandi miniere della Spagna, della Sicilia stessa, dell'Italia, dove le condizioni di vita erano durissime.

Si diffuse così rapidamente uno spirito di rivolta che portò a diversi tentativi di sollevazione in molte parti dello stato romano. Ma gli schiavi erano comunque divisi, poco organizzati, incapaci o impossibilitati a trovare delle alleanze. Inoltre era proprio il loro lavoro che permetteva agli uomini liberi di rimanere liberi: gli schiavi non avevano perciò alleati e le loro rivolte furono tutte soffocate.

La condizione degli schiavi nell'antica Roma variò molto a seconda delle epoche e del lavoro a cui uno schiavo era costretto. Gli schiavi impiegati nelle attività agricole erano sottoposti a fatiche molto dure, per esempio potevano essere legati alla macina di un mulino. Per molti di loro la morte era una vera e propria liberazione.

Qui a fianco, una lamella da appendere al collo degli schiavi per rendere immediato il riconoscimento.

Sotto, la morte di Caio Gracco in un dipinto della fine del XIX secolo. La morte dei fratelli Caio e Tiberio Gracco fu la scintilla che accese i conflitti che già dormivano all'interno della società romana.

I CONTADINI IN DIFFICOLTÀ

Ma un altro fronte di crisi era nelle campagne. I contadini, a causa delle guerre sempre più lunghe, furono costretti a trovarsi per moltissimi anni lontani dai campi che così rimasero incolti e sterili; in questo modo furono costretti a svendere per due soldi ai grandi proprietari i loro terreni ormai improduttivi. Rimasti senza terra, impoveriti, molti contadini dovettero così andare a Roma a ingrossare le fila dei disperati. Roma diventò di fatto la grande, grandissima capitale di un paese ridotto a un deserto.

LE RIFORME DI TIBERIO E CAIO GRACCO

Ci fu chi tentò di bloccare questa situazione prima che degenerasse. Tiberio Sempronio Gracco, un uomo di origini plebee ma imparentato con la potente famiglia degli Scipioni, fu eletto tribuno nel 133 a.C., lanciando un coraggioso progetto di riforma agraria che prevedeva, tra altre cose, una redistribuzione delle terre ai contadini. Ma i patrizi e il Senato si opposero a queste riforme e fecero uccidere Tiberio e i suoi sostenitori.

Allora fu la volta del fratello Caio, anche lui eletto tribuno una decina d'anni dopo, nel 123, a tentare di attuare una riforma, ma anche questo tentativo fallì nel sangue, sempre per l'opposizione dei senatori e nonostante l'appoggio della plebe e del potente ceto dei cavalieri.

L'ESERCITO CAMBIA NATURA

Un ulteriore fronte di crisi interna a Roma fu rappresentato dall'esercito che subì un'importante trasformazione verso la fine del II secolo per opera di Caio Mario, console tra il 105 e il 100 a.C.
Caio era un abile comandante militare. Egli aveva acquisito un grandissimo prestigio nella guerra contro il re di Numidia Giugurta, ma soprattutto nelle campagne contro i Cimbri e i Teutoni, popoli che erano scesi dall'Europa settentrionale e avrebbero minacciato le pianure dell'Italia del Nord se egli non li avesse sconfitti nel 102 e nel 101. In queste guerre Mario aveva arruolato migliaia di proletari che si erano offerti volontari, contro la tradizione romana di arruolare nell'esercito soltanto i cittadini che avevano una certa ricchezza. Mario era intenzionato a ricompensare questi soldati a lui fedeli con delle terre. Si stabiliva in questo modo tra il comandante e i propri soldati un legame di fedeltà, un rapporto più forte di quello con Roma stessa e che avrebbe avuto in seguito importanti e negative conseguenze.

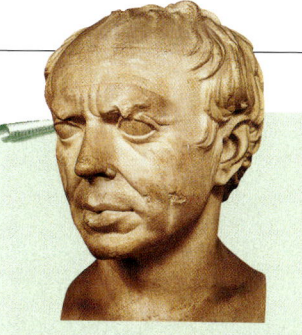

Caio Mario (157- 86 a.C.) fu un grande generale e uomo politico. Era un "homo novus", ossia proveniva da una famiglia della provincia italica che non aveva mai avuto senatori tra i propri antenati, e quindi si era distinto solamente grazie alle proprie virtù soprattutto militari.
In seguito alla difficile situazione in cui venne a trovarsi Roma, gli furono concessi ampi poteri militari che egli utilizzò per attuare una profonda riforma dell'esercito.

LA RIVOLTA DI SPARTACO

Nell'anno 73 a.C. scoppiò l'ultima, forse la più pericolosa delle rivolte di schiavi perché guidata dai gladiatori, gli schiavi addestrati ai combattimenti nei circhi.
I capi della rivolta erano Spartaco, originario della Tracia ma di cultura greca, e Crixus, un gallo. I due riuscirono a trascinare nella lotta altri 60.000 schiavi che tennero in scacco a lungo le legioni di Roma, ma che alla fine furono sconfitti. I rivoltosi furono quasi tutti uccisi: i 6000 che erano sopravvissuti furono crocifissi lungo la Via Appia.
All'epopea di Spartaco il cinema ha dedicato un celebre film nel 1960, con Kirk Douglas come protagonista.
Qui accanto, statuina di gladiatore del I secolo a. C.

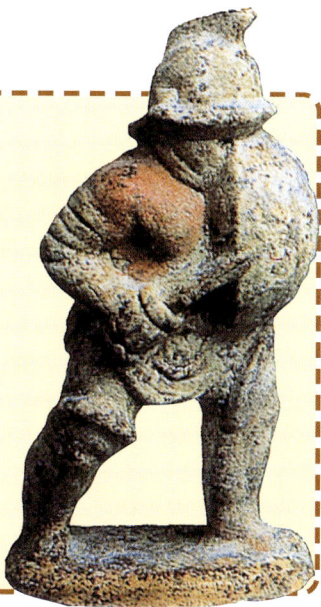

Lucio Cornelio Silla (138-78 a.C.) era un patrizio; egli intraprese la carriera militare nella guerra giugurtina come questore di Caio Mario, dal quale poi, come sostenitore della parte aristocratica, fu separato da una dura rivalità.
Fu dittatore tra l'82 e il 79.
Sotto, il trionfo di Mario sui Cimbri e sui Teutoni in un dipinto ottocentesco.

La rivolta degli Italici che diventano cittadini romani

L'epoca delle rivolte non era però conclusa. I popoli italici alleati che combattevano per i Romani volevano infatti godere anche loro dei benefici delle conquiste, e quindi diventare cittadini romani a pieno titolo oppure scuotere il dominio di Roma sull'Italia trasformando la penisola in una confederazione di popoli.

Insorsero a nord di Roma i Sabelli, i Marsi, i Piceni; a sud gli Osci, i Sanniti, i Lucani, dando inizio a quella che fu conosciuta come la "guerra sociale" (degli alleati). Furono tre anni di lotta durissima, in cui gli eserciti avversari persero non meno di 300.000 uomini.

Al termine Roma riuscì a vincere, ma dovette comunque concedere la cittadinanza ai popoli italici. I cittadini romani raddoppiarono così in pochi anni ma questo fatto invece di portare alla democratizzazione della repubblica ne facilitò invece il collasso. Troppi cittadini facevano funzionare male la macchina dello stato, che si sarebbe presto trasformata in un carrozzone burocratico-militare.

LE GUERRI CIVILI

La pressione dei popoli italici, la crisi delle campagne, la resistenza tenace del Senato verso qualsiasi riforma sociale, la presenza di grandi eserciti legati ai propri comandanti e infine le gravi difficoltà economiche degli strati poveri della popolazione spinsero rapidamente la repubblica romana verso le guerre civili. Ne furono protagonisti all'inizio Caio Mario, capo del partito popolare, e Silla, difensore del Senato e degli interessi dell'aristocrazia.

Entrambi volevano il comando militare dell'esercito impegnato in guerra contro Mitridate, re del Ponto, un regno ellenistico ancora indipendente in Asia minore. Il comando fu affidato a Silla, ma Mario si adoperò a ogni costo per soppiantare il rivale. Come risultato si ebbero tre anni di lotte e carneficine a Roma: in un primo tempo fu Silla a perseguitare e uccidere molti esponenti del partito popolare; in seguito fu Mario a scatenare il suo esercito a Roma massacrando intere famiglie di nobili. Alla fine prevalse Silla che, nominato nell'82 a.C. dittatore a vita dal Senato, fece poi approvare una serie di leggi che rafforzarono gli aristocratici.

Era tuttavia ormai chiaro che la situazione a Roma era completamente fuori controllo e altri personaggi avrebbero combattuto, appoggiandosi al partito dei nobili o a quello popolare, per il potere. Tra questi, Pompeo e Cesare.

Mitridate (120-63 a.C.) re del Ponto, qui ritratto su una moneta, fu uno dei più formidabili nemici della Roma repubblicana. Egli costrinse i romani a combattere ben tre guerre e impegnò duramente tre generali come Silla, Lucullo e Pompeo.

LA DITTATURA

La dittatura era una magistratura romana alla quale si faceva ricorso in momenti particolarmente gravi per la vita della repubblica. Il dittatore aveva poteri enormi: comandava gli eserciti, emanava decreti che avevano valore di legge, comminava pene alle quali non si poteva fare appello. Restava tuttavia in carica per un periodo massimo di sei mesi, allo scadere dei quali Roma ritornava alla normalità. Facendosi nominare dittatore senza scadenza di tempo, Silla compì dunque un atto illegale. A lato, statua di personaggio togato (I secolo a.C.).

Cesare e la fine della Repubblica

Caio Giulio Cesare, un nobile romano che si vantava di discendere da Iulo, il figlio di Enea e di Venere, fu un grandissimo condottiero e fu l'uomo politico che meglio comprese la crisi della repubblica romana.

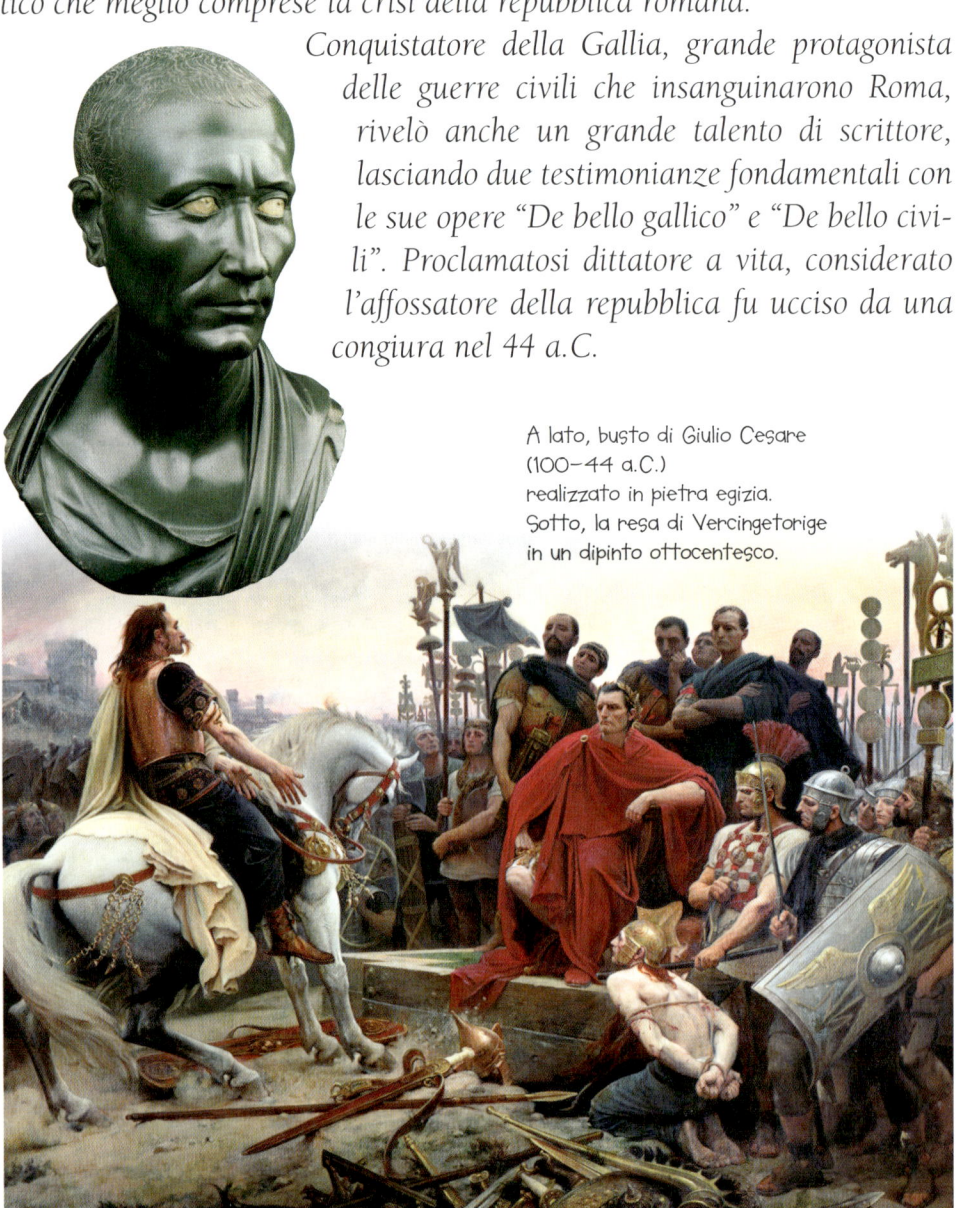

Conquistatore della Gallia, grande protagonista delle guerre civili che insanguinarono Roma, rivelò anche un grande talento di scrittore, lasciando due testimonianze fondamentali con le sue opere "De bello gallico" e "De bello civili". Proclamatosi dittatore a vita, considerato l'affossatore della repubblica fu ucciso da una congiura nel 44 a.C.

A lato, busto di Giulio Cesare (100–44 a.C.) realizzato in pietra egizia. Sotto, la resa di Vercingetorige in un dipinto ottocentesco.

Il grande rivale Gneo Pompeo

Pompeo era un brillante generale, molto legato alla politica dei ricchi senatori, che aveva già operato con successo al servizio di Silla.

Egli ebbe modo di conquistarsi un grandissimo prestigio prima soffocando la rivolta di Sertorio, un generale amico di Caio Mario, che aveva creato un proprio potere personale in Spagna; poi contribuendo in modo decisivo a reprimere la rivolta degli schiavi; quindi conducendo una vittoriosa campagna navale contro i pirati che disturbavano i commerci di Roma nel Mediterraneo. Infine, con una vittoriosa spedizione in Oriente, conquistò il Ponto, la Cilicia, la Siria e il regno di Giudea in Palestina, arrivando fino ai confini del regno dei Parti.

Pompeo insomma, quando tornò a Roma nel 62 a.C., venne salutato come un nuovo Alessandro Magno. Nel frattempo, a Occidente stava salendo la stella di Giulio Cesare.

Busto di Gneo Pompeo (106–48 a.C.), generale e uomo politico, prima alleato e poi avversario di Cesare.

Giulio Cesare

Caio Giulio Cesare era un giovane patrizio, nato nel 100 a.C. da una famiglia di antica nobiltà. Legato per parentela a Caio Mario, aveva dovuto rifugiarsi in Oriente quando Silla era diventato dittatore di Roma. Rientrato poi in patria, Cesare si era legato a Licinio Crasso nel tentativo di contenere l'eccessivo potere di Pompeo dopo le sue imprese in Asia e, per questo, sembrò assumere posizioni di tipo democratico.

Nel 58 ebbe l'incarico di comandare per cinque anni gli eserciti stanziati in Illiria e nella Gallia padana per proteggere le frontiere settentrionali d'Italia dalla pressione dei barbari del Nord. Di lì Cesare si lanciò alla conquista della Gallia.

> All'epoca delle guerre civili, cioè alla metà del I secolo a.C., l'influenza di Roma si estendeva ormai tutto attorno al bacino del Mediterraneo. Buona parte del merito dell'iniziativa romana era da attribuirsi proprio a Gneo Pompeo.

Sopra, una ricostruzione del doppio anello di fortificazioni costruito da Cesare per assediare Alesia e difendersi le spalle.

Cesare conquista la Gallia

Cesare dovette infatti accorrere in Gallia sia per proteggere la provincia romana della Gallia transalpina, che oggi è conosciuta come Provenza, sia su richiesta degli stessi popoli galli alleati dei Romani.

Popolazioni germaniche si erano infatti messe in movimento spingendo in Gallia il popolo degli Elvezi o passando il fiume Reno e minacciando quindi essi stessi i Galli. Nel 58 a.C. Cesare, al comando di 9 legioni, riuscì a bloccare gli uni e gli altri, ma da alleato dei Galli si trasformò ben presto in occupante delle loro terre.

Nel 53 dovette così fronteggiare una grande insurrezione delle tribù galliche coalizzate, che avevano eletto a loro capo Vercingetorige, giovane signore di

La battaglia di Alesia

Durante l'assedio, nell'estate del 52 a.C., Cesare, con il quale collaborava il grande architetto Vitruvio, impiegò moltissime armi da getto e perfezionò le tecniche di fortificazione: si trattava infatti non solo di chiudere gli assediati in una morsa che impedisse le loro sortite, ma anche di proteggere le spalle dell'esercito romano dall'arrivo dei soccorsi inviati dai Galli. Questi giunsero infatti, in agosto, con un grande esercito di 250.000 uomini: in una sola giornata, Cesare riuscì a sconfiggere l'esercito di soccorso e a prendere Alesia, i cui difensori erano stremati dall'assedio. Vercingetorige si consegnò spontaneamente, perché fosse risparmiata la vita ai suoi uomini, e venne più tardi condotto a Roma in catene. Per festeggiare la vittoria, Cesare donò uno schiavo gallo a ognuno dei suoi soldati.

BALLISTA

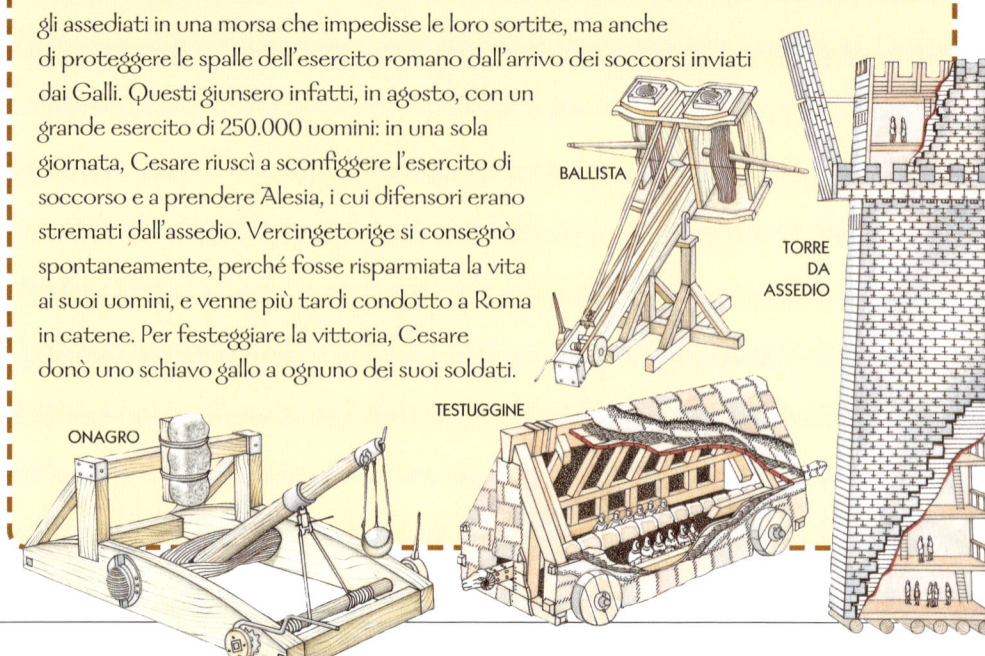

TORRE DA ASSEDIO

ONAGRO

TESTUGGINE

Andrea Mantegna dipinse a Mantova tra il 1480 e il 1500 un ciclo di nove tele sui trionfi di Cesare. Qui a lato, alcuni trofei in parata. Il trionfo sui Galli fu in effetti il trampolino di lancio per Giulio Cesare, molto accresciuto in forza militare e prestigio. Ultimata la sottomissione della Gallia, Cesare provvide a dare un assetto alla nuova provincia, la più grande, fertile e popolata a nord delle Alpi (all'epoca della conquista romana la Gallia doveva avere infatti circa 10 milioni di abitanti), vera e propria miniera per i mercanti italici.

Alvernia. Più volte sconfitto, Cesare riuscì tuttavia a passare all'offensiva e a chiudere l'esercito nemico nella città di Alesia che pose sotto assedio.
La resistenza infine fu vinta e nell'anno 50 l'intera Gallia fu sottomessa ai Romani. Al suo rientro in Italia, Cesare era alla testa di un grande esercito di 11 legioni, e recava con sé un bottino enorme di uomini e ricchezze.

Pompeo viene esortato dai senatori a prendere le difese della repubblica, in un dipinto ottocentesco.

Il conflitto con Pompeo

Le conquiste militari di Cesare e Pompeo si svolgevano mentre Roma viveva una situazione acuta di crisi sociale, che il Senato non era in grado di controllare. Le guerre civili, le condanne all'esilio, le rivolte degli alleati e degli schiavi, le guerre continue avevano sconvolto e impoverito l'Italia. I poveri si ammassavano a Roma. In questa situazione si fron-

"Veni, vidi, vici" (venni, vidi, vinsi) è la frase incisa su questa moneta con cui, secondo la tradizione, Cesare annunciò ai senatori la straordinaria vittoria riportata il 2 agosto del 47 a.C. contro l'esercito di Farnace II (figlio di Mitridate) a Zela nel Ponto. La fama di Cesare come comandante militare era ormai leggendaria per la resistenza ai disagi e il rapporto di stima che egli seppe instaurare con i soldati. Ma grande era anche l'abilità di Cesare nel raccontare e propagandare le sue vittorie, ben testimoniata dalla lapidarietà di questo motto a lui attribuito.

teggiavano posizioni politiche diverse e ostili: Pompeo, console con Crasso nel 70 a.C., era favorevole a mantenere i privilegi dei grandi proprietari e aspirava a imporre un proprio potere personale; Cesare, vicino a Pompeo e a Crasso nella volontà di sostituire il potere dei senatori con quello dei grandi generali, era invece favorevole alla parte popolare.

Cesare, Pompeo e Crasso nel 60 si erano alleati nel cosiddetto "primo triumvirato", una specie di patto privato per dividersi le cariche politiche e i vantaggi economici che ne sarebbero derivati. Crasso aveva ingenti ricchezze personali, Pompeo aveva una grande forza militare e Cesare l'appoggio della plebe. Crasso però morì in guerra combattendo contro i Parti, mentre l'alleanza tra Pompeo e Cesare, che nel frattempo era impegnato in Gallia, non resse a lungo. Dopo la decisione di Cesare di tornare in Italia in armi contro il volere del Senato, scoppiò dunque la guerra tra Cesare e Pompeo. Quest'ultimo non aveva tuttavia forze sufficienti per contrastare Cesare in Italia e fu costretto a fuggire, insieme a molti senatori e consoli, prima in Grecia e poi in Egitto dove fu ucciso.

A combattere continuarono i seguaci di Pompeo, ma infine anche loro furono sconfitti.

I Parti

Al di là del fiume Eufrate, frontiera orientale dell'Impero Romano, sui Persiani, i Babilonesi e le città greche di origine ellenistica regnavano i Parti: una popolazione guerriera che discendeva dai nomadi sciti della Russia meridionale e del Caucaso. I re parti, strettamente integrati con la vecchia aristocrazia persiana che Alessandro Magno aveva a suo tempo sottomesso, avevano accettato la cultura ellenistica. La loro ricchezza veniva, oltre che dall'agricoltura della zona mesopotamica, anche dal controllo delle vie commerciali verso l'India e la Cina. La forza militare dei Parti stava nella loro cavalleria, veloce nella manovra ed efficace nel combattimento sia a distanza (i Parti erano abilissimi arcieri a cavallo) che corpo a corpo. Qui a fianco, la statua di un guerriero del I-II secolo d.C.

CESARE PADRONE ASSOLUTO

Rientrato a Roma nel 46 a.C., Cesare celebrò il suo trionfo. Il Senato gli decretò, accanto al titolo di *imperator*, quello di *divus*, con ciò facendone quasi un dio vivente; e tra il 45 e il 44 fu nominato dittatore perpetuo. Egli d'altronde attuò una politica saggia: non privò il Senato formalmente del suo potere, non si vendicò dei propri nemici, e cercò anche di alleviare le condizioni di vita della plebe, concedendo terre all'estero a circa 70.000 plebei. Cesare era sicuro del suo potere, anche se era consapevole che alcuni gruppi dell'oligarchia del Senato, legati all'ideologia dell'aristocratico e ricco Marco Tullio Cicerone, gli erano ostili. Non si sa se Cesare avrebbe voluto diventare re, come gli antichi re di Roma, o un sovrano assoluto come Alessandro Magno. Quello che è certo è che non ebbe il tempo di diventare né l'uno né l'altro perché cadde pugnalato in Senato per mano di un gruppo di congiurati, di cui erano capi i nobili Cassio e Bruto, il 15 marzo del 44 a.C.

Si racconta che, mentre veniva colpito a morte, Cesare riconobbe tra i congiurati il volto di Bruto, suo prediletto, e per questo avrebbe esclamato "Tu quoque Brute fili mi" ("Anche tu, Bruto, figlio mio!").
In alto, un'immagine del Foro di Cesare.

Il generale Marco Antonio si era unito a Cleopatra regina d'Egitto (qui sotto, due loro ritratti), abbandonando così la moglie e i figli: per questo motivo fu accusato di immoralità da Ottaviano. Ma Ottaviano fu molto abile a far apparire Antonio anche come un traditore, che avrebbe svenduto il dominio di Roma alla sovrana d'Egitto, che tutti sapevano essere sua amante.

GLI EREDI DI CESARE

Alla morte di Cesare, il potere militare in Italia era nelle mani di due suoi amici e alleati: Emilio Lepido e Marco Antonio, un brillante generale che aveva avuto un ruolo importante nelle vittorie di Cesare. Ma in realtà, nel suo testamento, Cesare aveva nominato suo erede il nipote Ottaviano.

Si formò allora un secondo triumvirato, formato da Marco Antonio, da Ottaviano e da Emilio Lepido.

Essi riuscirono a punire gli uccisori di Cesare e i senatori a loro ostili ma, dopo essersi divisi l'impero, entrarono assai presto in conflitto. Alla fine, emerse Ottaviano che, dopo aver messo fuori gioco Emilio Lepido, sconfisse in un'epica battaglia navale presso Azio nel 31 a.C. Marco Antonio che si era rifugiato in Egitto unendosi alla regina Cleopatra, forse sognando di dar vita a un impero orientale indipendente da Roma.

L'Egitto entrò così a far parte del dominio di Roma.

LA FINE DELLA REPUBBLICA

Quando nel 29 a.C. Ottaviano tornò a Roma, era signore incontrastato di un impero immenso che giungeva dall'Atlantico all'Eufrate, dalla Manica al Nilo. Nel 27 il Senato lo nominò *princeps* e gli concesse il titolo di "Augusto". Finiva così la repubblica romana e con essa la lunga vicenda delle libere città, delle *poleis*, che era cominciata in Grecia molti secoli prima. Il mondo mediterraneo era sottoposto al dominio di un sovrano assoluto e del suo stato burocratico militare.
Incominciava la nuova età dell'impero.

A lato, i domini di Roma e i territori controllati dai triumviri. Qui sotto, Ottaviano Augusto in veste di comandante militare, in una statua del I secolo d.C. In basso, affresco che rappresenta una battaglia navale, rinvenuto nel XIX secolo nella Villa della Farnesina.

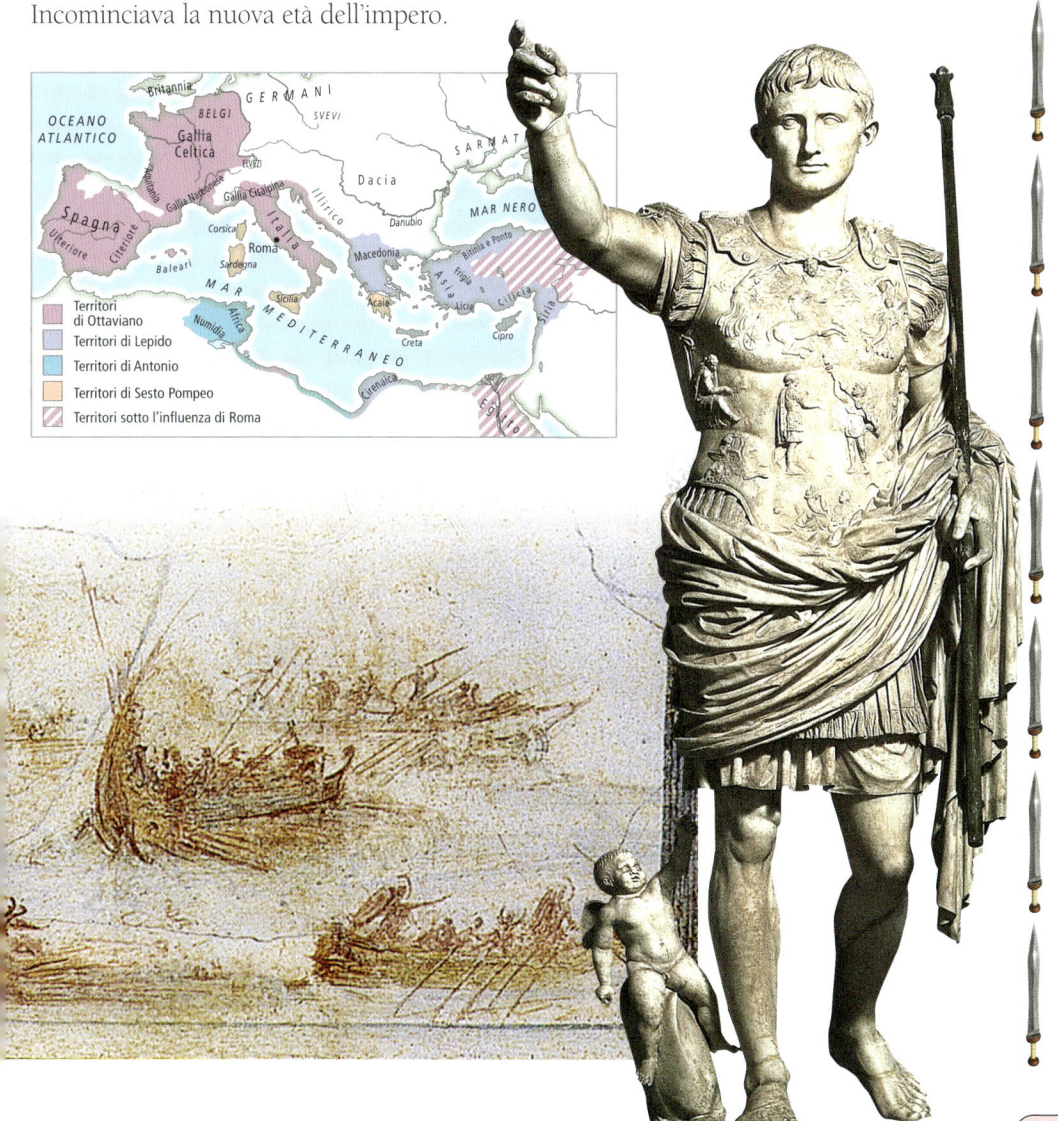

Ottaviano Augusto

Ottaviano inaugurò l'era degli imperatori romani. Con la sua ascesa al potere ebbero termine le guerre civili e iniziò per Roma un lungo periodo di pace: lo stato fu completamente riorganizzato, l'esercito riformato, il dominio di Roma si assestò lungo i confini del Reno e dell'Eufrate. Sotto Augusto, che rimase al potere per oltre quarant'anni, l'impero raggiunse forse gli 80 milioni di abitanti e Roma visse il periodo più splendido della sua storia millenaria.

Augusto indossa la corazza del condottiero, statua del I secolo d.C. oggi ai Musei Vaticani.

L'autorità imperiale

Quando Ottaviano rimase l'unico dei triumviri, il popolo di Roma aveva un profondo desiderio di pace e di tranquillità. Si poteva dire che i Romani erano grati ad Augusto per avere riportato la pace dopo più di sessant'anni di guerre civili. Egli assunse in poco tempo tutto il potere. Nel 28 fu salutato, come abbiamo visto, come *princeps senatus* (il primo tra tutti i senatori), poi come *imperator* (cioè comandante supremo dell'esercito) e quindi, nel 12, come *pontifex maximus*: Augusto cumulava insomma nella sua persona i ruoli di suprema guida politica, capo militare e alto magistrato religioso.

Chi perse e chi guadagnò con il cambio di regime

Ottaviano Augusto ebbe la grande abilità di governare come un re nascondendo in realtà il proprio potere: egli infatti mantenne le antiche istituzioni repubblicane, il Senato in primo luogo, anche se di fatto ne ridusse drasticamente il ruolo. Chi non percepì alcun cambiamento fu sicuramente la popolazione delle campagne, sfruttata come sempre, i poveri liberi in ogni parte dell'impero, i liberti, gli schiavi. A guadagnarci furono soprattutto i cavalieri, che mantennero i tradizionali privilegi e in più entrarono a far parte del ceto dirigente della burocrazia imperiale.

L'Ara Pacis Augustae è un altare fatto costruire nel 9 a.C. da Augusto nel Campo Marzio. La sua costruzione fu decisa dal Senato dopo il ritorno di Augusto da una spedizione di tre anni in Spagna e in Gallia, e intendeva celebrare l'inizio di un lungo periodo di pace: la "Pax Romana", elevata quasi a divinità.

Augusto estese poi il diritto di cittadinanza: anche chi fosse nato fuori d'Italia sarebbe potuto diventare un funzionario importante dello stato romano. Egli seppe inoltre assicurarsi l'appoggio dei soldati e della plebe di Roma: gli uni ricompensati con un appezzamento di terra ciascuno, gli altri con generose distribuzioni di grano. Augusto acquistò così ben presto anche la fama di benefattore.

Roma cambia aspetto

A questa fama contribuirono anche gli immensi lavori pubblici che cambiarono il volto di Roma. Si disse che Augusto aveva trovato una città di mattoni e l'aveva trasformata in una città di marmo: sicuramente egli seppe garantire il lavoro a moltitudini di artigiani e proletari della capitale, che avevano perso influenza politica ma avevano trovato il pane. E non solo pane, perché l'imperatore offrì alla plebe spettacoli circensi di una grandiosità mai vista prima. Durante il principato di Augusto furono celebrati otto giochi gladiatori, ventisei lotte fra belve, una finta battaglia navale, una trentina di giochi sportivi.

Le tasse

Per governare e difendere un impero tanto esteso occorreva molto denaro. Per questo Augusto riorganizzò il sistema fiscale, imponendo tasse, per la prima volta dopo il 168 a.C., ai cittadini romani. Essi dovevano pagare sulle eredità e sulla vendita delle terre, mentre agli altri sudditi dell'impero venne imposto di pagare in proporzione ai beni posseduti.

L'organizzazione delle province

Augusto dette una nuova organizzazione al governo delle provincie, che ormai si estendevano per milioni di chilometri quadrati. Alcune, che furono dette provincie senatorie, quelle più tranquille, furono affidate a proconsoli inviati dal Senato ma stipendiati

Sopra, il Foro di Augusto, edificato a partire dal 23 a.C. Era formato da una grande piazza porticata dove era situata un'enorme statua dell'imperatore su una quadriga.

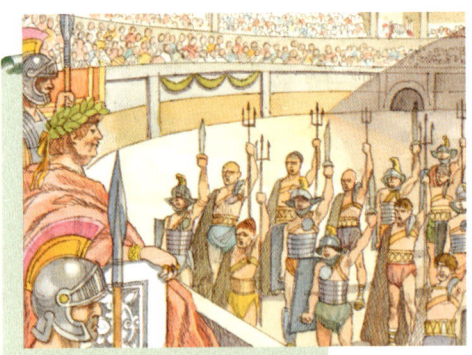

Ai giochi gladiatori che offrì al popolo, l'imperatore Augusto presenziava ricevendo l'omaggio dei gladiatori che lo salutavano pronunciando a gran voce "Ave Caesar, morituri te salutant!" (Ave Cesare, coloro che stanno per morire ti salutano!). Tutto attorno, la folla assisteva gridando e incitando. Poi, una tromba annunciava l'inizio della lotta.

dallo stato per evitare che, come in passato, essi le sfruttassero fino a dissanguarle; altre, quelle più turbolente, furono governate direttamente dall'imperatore per mezzo di uomini di sua fiducia.

L'ESERCITO

L'esercito, composto all'epoca da circa 300.000 uomini divisi in 28 legioni, fu trasformato in un corpo di professionisti volontari. A fianco delle legioni furono istituiti i corpi ausiliari, formati dagli abitanti delle province e da soldati inviati dagli alleati. Augusto istituì anche un corpo speciale: i pretoriani. Si trattava di 9000 uomini scelti, pagati il triplo degli altri, stanziati nella stessa Roma come guardia personale dell'imperatore che se ne serviva per tenere a bada la plebe e il Senato. Presto, come vedremo, gli imperatori successivi non avrebbero più potuto liberarsene, diventandone di fatto prigionieri.

In alto, la lastra sepolcrale di un centurione caduto nella battaglia di Teutoburgo. Sotto, l'illustrazione raffigura l'imperatore protetto e scortato dalla guardia pretoriana.

LE FRONTIERE ESTERNE

All'inizio del suo principato, Augusto tentò di allargare ulteriormente i confini dell'impero oltre il Reno. Ma questo confine fluviale, come già quello dell'Eufrate a Oriente, si dimostrò invalicabile per i Romani. Nel 6 a.C. i Romani subirono infatti nella foresta di Teutoburgo, in Germania, una disastrosa sconfitta a opera di alcune tribù germaniche e da quel momento l'imperatore rinunciò a ogni ulteriore conquista.

UN'EPOCA DI SPLENDORE

Quando dunque morì, nel 14 d.C., Augusto venne ricordato più come il principe di una pace ritrovata che come un grande conquistatore; e la sua epoca venne celebrata come quella della pace sociale, l'età d'oro della grande cultura latina (a lui erano stati vicini poeti come Virgilio, Orazio e Ovidio). Roma divenne veramente una capitale imperiale e visse la sua epoca più splendida.

L'Alto Impero

Nei primi due secoli di vita, l'Impero romano raggiunse la sua massima espansione divenendo veramente una potenza universale. La cittadinanza romana venne estesa agli abitanti delle province e alcuni imperatori furono addirittura di origine spagnola o gallica. I sudditi dell'impero vissero anche lunghi anni di pace e di relativo benessere, anche se alle frontiere cominciavano ad affacciarsi le tribù germaniche.

Nell'anno 117 d.C., alla morte dell'imperatore Traiano, l'Impero romano raggiunse la sua massima espansione.

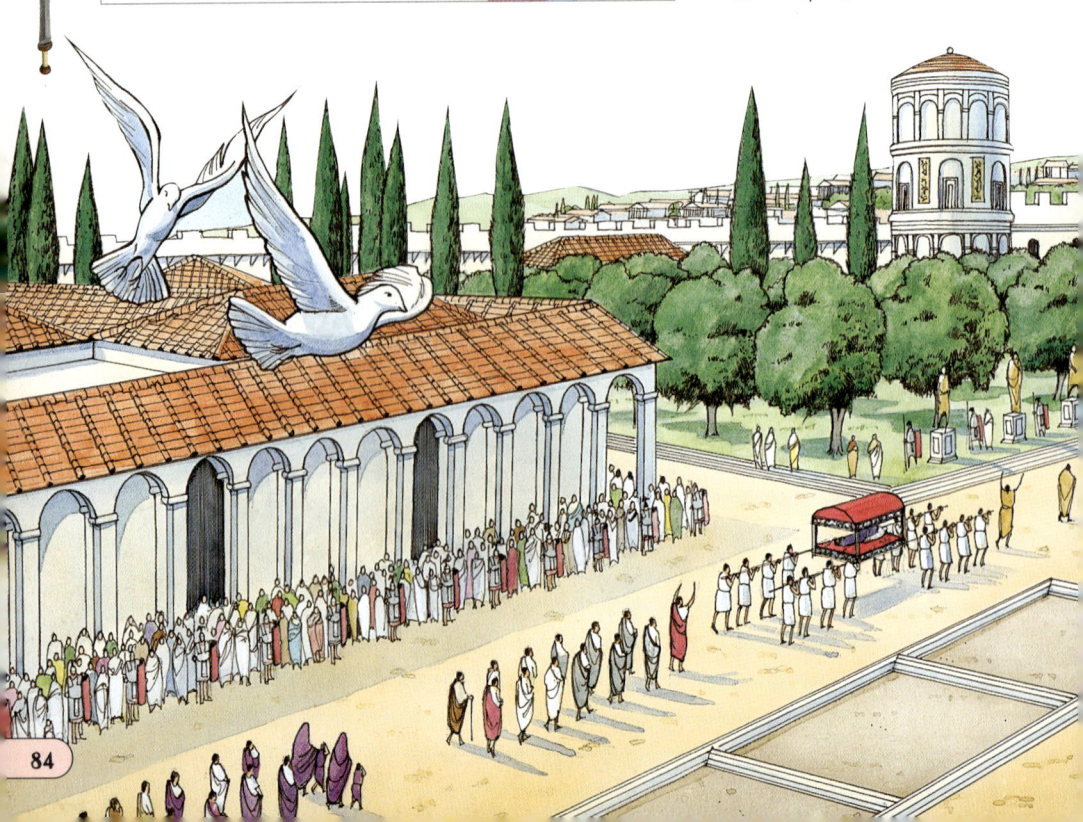

Il problema della successione

Con la morte di Augusto si pose il problema di chi gli sarebbe succeduto. Il potere era ancora ufficialmente attribuito all'imperatore dal Senato e dal popolo romano, e pertanto egli non poteva trasmettere il titolo ai propri figli. Questo fatto portò all'affermarsi del sistema dell'adozione: l'imperatore cioè adottava un uomo degno di succedergli e il Senato gli conferiva nel tempo le cariche che ne avrebbero legittimato il futuro potere. In realtà poi le cose non erano così semplici e la nomina imperiale era orientata da molte forze: il Senato stesso, i comandanti delle legioni, i pretoriani, e poi anche la plebe romana. Augusto seppe governare queste forze contrapposte, ma non fu sempre così.

Dopo la sua morte, Augusto fu cremato e le ceneri furono deposte nel mausoleo che egli stesso si era fatto costruire tra la via Flaminia e il Tevere.

Nell'immagine a destra, il volto di Tiberio, secondo imperatore della storia di Roma. In basso, una moneta e una gemma incisa con il volto di Nerone.

Sotto, statua in marmo dell'imperatore Claudio, rappresentato come Giove Capitolino. Gli imperatori defunti venivano infatti spesso divinizzati allo scopo di aumentare il prestigio e la maestà della carica imperiale. La tradizione era iniziata già dopo la morte di Giulio Cesare che era stato divinizzato dal Senato con il titolo di "divus" (divino).

Gli imperatori della dinastia Giulio-Claudia

Successore di Augusto fu Tiberio (14-37 d.C.), che Augusto aveva adottato e che apparteneva alla famiglia Claudia. La dinastia degli imperatori che iniziò con lui si chiamò dunque Giulio-Claudia e comprese, oltre a Tiberio, anche Caligola (37-41 d.C.), Claudio (41-54 d.C.) e Nerone (54-68 d.C.). Ma essi non ebbero la stessa autorevolezza e capacità di governo di Augusto.

Tiberio si isolò spesso nella sua villa di Capri ed evitò ogni tipo di devozione alla sua persona, rifiutando di farsi chiamare imperatore: il suo fu un principato piuttosto debole.

Caligola cercò di trasformarsi in un monarca di tipo orientale ma, proprio per questo, su istigazione del Senato venne ucciso dai pretoriani che imposero Claudio, uomo mite già anziano. Claudio allargò a molti provinciali il privilegio della cittadinanza e espanse i confini dell'impero annettendo la Britannia, la Mauritania e alcune zone della Tracia.

A Claudio successe Nerone: anche lui cercò di imporsi come monarca con l'appoggio della plebe che cercò di accattivarsi organizzando giochi e spettacoli gladiatori. Egli suscitò ben presto una forte opposizione, tanto che sia i pretoriani che i comandanti di alcune legioni gli si ribellarono costringendolo al suicidio. Con Nerone, dunque, le province, i generali e gli eserciti si inserirono nella lotta politica.

A lato, soldati romani portano in trionfo il candelabro a sette braccia, uno dei simboli della religione ebraica, in un bassorilievo dell'arco di Tito nel Foro romano. Qui sotto, una statua che ritrae l'imperatore.

GLI IMPERATORI DELLA DINASTIA FLAVIA

Dopo il suicidio di Nerone si aprì un periodo di lotte per la successione, durante il quale gli eserciti acclamarono imperatori i rispettivi generali. Da queste lotte emerse nel 69 Vespasiano (69-79 d.C.), un generale figlio di una modesta famiglia che apparteneva alla classe dei cavalieri. Vespasiano, fondatore della dinastia dei Flavi che annoverò Tito (79-81 d.C.) e Domiziano (81-96 d.C.), riuscì in un decennio a riportare l'ordine nell'impero. Fu lui a dare inizio ai lavori per il Colosseo e fu lui a dare incarico al figlio Tito, che poi gli succedette, di distruggere il tempio di Gerusalemme nell'anno 70 d.C., causando così la diaspora degli ebrei dalla Palestina.

Domiziano, il quale scatenò contro i cristiani una persecuzione nell'anno 95 perché essi si rifiutavano di adorarlo come se fosse un dio, suscitò un tale odio da cadere infine ucciso da una congiura. Dopo di lui, il Senato tornò a imporre il sistema dell'adozione.

GLI EBREI

Sotto il nome collettivo di Israele, alcune tribù di pastori, che gli Egizi chiamavano ebrei, legate tra loro da un forte legame religioso nel nome della sottomissione a un unico dio, si stabilirono in Palestina provenienti dai deserti siriani e arabici intorno al 1200 a.C. In Palestina essi dettero vita a un regno potente accentrando nel tempio di Gerusalemme la sede del culto del Signore Jahveh. Nel corso del VI secolo a.C. Israele dovette sottomettersi ai Babilonesi che distrussero il tempio di Gerusalemme causando una prima fuga degli ebrei dalla Palestina.

Successivamente gli ebrei tornarono in Palestina, ricostruirono il tempio, sede del culto collettivo, fino alla conquista romana del I secolo d.C., che causò la seconda distruzione del tempio e la loro definitiva fuga dalla Palestina.

Sopra, un particolare della Colonna Traiana, inaugurata nel 113 d.C. per celebrare la vittoria dell'imperatore contro i Daci, popolazione dell'attuale Romania. Sotto, un busto in basalto dell'imperatore Adriano e, a fianco, un'immagine della sua villa di Tivoli.

Traiano (98-117 d.C.)

Fu quindi designato Nerva (96-98 d.C.), il primo della dinastia degli Antonini, il quale a sua volta, d'accordo con il Senato, chiamò a succedergli Traiano, un generale di origine spagnola, uomo di straordinaria intelligenza, abile condottiero.

Con Traiano dunque venne per la prima volta promosso a imperatore un aristocratico nato fuori d'Italia. Il suo fu un lungo principato, dedicato al risanamento e al ripopolamento delle campagne italiane, e soprattutto all'espansione verso l'esterno al fine di finanziare le nuove spese. Con lui l'Impero romano raggiunse la sua massima espansione, arrivando a sottomettere la Dacia, l'attuale Romania, e il Regno di Armenia: un dominio vastissimo dunque, in cui però non tutti avevano ancora ottenuto la cittadinanza romana. Traiano aprì comunque ai provinciali le cariche importanti al vertice dell'amministrazione imperiale.

Adriano (117-138 d.C.)

A Traiano successe un altro imperatore spagnolo, Adriano, il quale rinunciò a tentare nuove conquiste e si dedicò piuttosto a consolidare il confine dell'impero (il *limes*) fortificandolo contro la minaccia di nuove invasioni dei popoli "barbari" del Nord.

Adriano fu un uomo colto, curioso delle cose del mondo; viaggiò molto in ogni parte dell'impero, lasciando intendere ai propri sudditi che non vi erano ormai più differenze tra italici e provinciali; abbellì le molte città del vasto dominio romano, ispirandosi ai canoni dell'architettura greca che egli conobbe direttamente.

A lui si deve la magnifica Villa Adriana di Tivoli e la grandiosa tomba che forse ideò lui stesso, oggi Castel Sant'Angelo, a Roma.

Le province dell'impero

L'Impero romano comprendeva zone molto differenti. A occidente vi erano le province della Spagna, della Gallia, della Germania e della Britannia, abitate da popolazioni che agli occhi della più avanzata civiltà greca erano ancora "barbare", e in cui il processo di romanizzazione (cioè di assimilazione alla lingua e alla cultura romana) fu più profondo. A oriente vi era invece un mondo ancora più antico e avanzato di quello romano, il mondo di cultura greca, del quale i Romani stessi riconoscevano la superiorità. A Roma, la cultura greca fu a lungo contrastata, finché non fu essa stessa a conquistare, come si disse, i conquistatori, ponendo le basi di una nuova cultura detta, appunto, greco-romana. Nella foto, l'arco di trionfo fatto costruire da Traiano nella città di Timgad, in Numidia (Algeria).

Antonino Pio (138-161 d.C.) e Marco Aurelio (161-180 d.C.)

Il governo di Antonino Pio e di Marco Aurelio, successori di Adriano, venne ricordato come il periodo più felice di tutta la storia dell'impero, quando si intensificarono i commerci, nuove città furono fondate e, in generale, anche le province godettero di una certa prosperità. Antonino fu definito Pio per il suo senso di giustizia e, probabilmente, per la venerazione che ebbe per il padre adottivo: protesse gli schiavi dai soprusi dei padroni, si dimostrò tollerante verso tutte le religioni, rinunciò alla tradizionale politica romana di conquista.

Marco Aurelio avrebbe forse voluto seguire una politica simile, se il suo regno non fosse stato travagliato da ribellioni, guerre e calamità di vario tipo. Ai confini cominciava infatti a sentirsi la pressione delle tribù germaniche ed egli dovette combattere contro i Quadi e i Marcomanni; a Oriente dovette affrontare e respingere i Parti che avevano invaso Mesopotamia e Armenia, e poi fronteggiare una terribile epidemia di peste a partire dall'anno 165, epidemia che infine lo uccise. Dopo di lui, con Commodo (180-192) la situazione mutò decisamente di segno: l'impero entrò in una lunga fase di decadenza.

La statua equestre di Marco Aurelio è l'unica giunta integra fino ai giorni nostri. Identificata a lungo con l'immagine di Costantino, imperatore convertitosi al cristianesimo, fu risparmiata dalla furia distruttrice che, a partire dall'Alto Medioevo, si abbatté sulle statue in bronzo dell'antica Roma, molte delle quali vennero fuse.

Roma e la città romana

L'Impero romano fu essenzialmente un mondo di città, costruite a immagine e somiglianza di Roma, la città per eccellenza. Da agglomerato di capanne con poche decine di abitanti, Roma impiegò otto secoli per diventare una grande metropoli, la più grande del mondo antico con oltre un milione di persone. Il modo in cui nacque, la struttura della sua pianta, l'orientamento delle sue strade, la disposizione delle sue porte di ingresso, il tipo degli edifici, insomma il modo in cui si era sviluppata ed era cresciuta nel tempo costituirono un modello per le città diffuse in tutto il mondo conquistato dai Romani.

ROMA NEI PRIMI SECOLI

Sotto Augusto Roma raggiunse la sua forma urbanistica più compiuta, quella che poi venne presa come punto di riferimento per la fondazione delle nuove città nei territori conquistati. Ma la sua crescita era iniziata secoli prima. Risalgono per esempio all'epoca dei re etruschi la prima cinta di mura e la prima rete fognaria (la famosa Cloaca Maxima). Mentre all'epoca di Tarquinio il Superbo risalirebbe l'impianto del Circo Massimo. All'inizio dell'età repubblicana si dovrebbe invece il tempio della triade divina Giove, Giunone e Minerva, costruito sul Campidoglio.

Ancora nel IV secolo a.C. Roma aveva però un aspetto povero e squallido rispetto alle città del mondo greco. Nel 378 a.C., dopo la distruzione della città a opera dei Galli, fu costruita una nuova e più larga cinta muraria, lunga 11 kilometri. Al 367 risale il Tempio della Concordia mentre al 312 il primo acquedotto. In concomitanza con l'espansione nella penisola, a Roma si susseguirono le costruzioni di templi mentre, grazie all'afflusso di prede di guerra, si cominciarono a ornare con colossali statue di bronzo spazi e edifici pubblici.

Al 221 a.C. risale il Circo Flaminio, costruzione legata alla plebe che lì svolgeva le sue assemblee. Lo sviluppo edilizio del Foro, che in origine era una valle paludosa, ebbe luogo soprattutto nel II secolo a.C., dopo la fine della guerra contro Cartagine.

Il primo teatro in muratura di dimensioni imponenti (oltre 150 metri il diametro della cavea) fu invece fatto costruire da Pompeo fra il 61 e il 55.

La Cloaca Maxima fu costruita alla fine del VI secolo a.C., ai tempi degli ultimi re di Roma, e fu accuratamente mantenuta in buono stato per tutta l'età imperiale.

Sul colle del Campidoglio, nel 509 a.C., fu eretto un tempio dedicato al dio Giove. Distrutto e ricostruito più volte, rimase in piedi fino ai primi secoli del Medioevo.
Nella pagina precedente, il plastico del Museo della Civiltà Romana, a Roma, che mostra la grandiosità della città imperiale agli inizi del IV secolo d.C. e, sopra, scena di costruzione di una città da un codice del V secolo d.C.

Il Pantheon augusteo fu distrutto dal fuoco nell'80 d.C. Venne interamente ricostruito sotto Adriano, tra il 123 e il 128 d.C.

Il Foro, la "piazza centrale" di Roma si trova tra i colli Palatino, Campidoglio ed Esquilino in una zona prosciugata nel VI secolo a.C., poi pavimentata e in seguito arricchita da edifici.

Roma imperiale

All'epoca di Augusto Roma si rinnovò radicalmente e ebbe un assetto definitivo. Molti ponti in pietra la collegarono, moltissimi acquedotti la rifornirono di acqua, decine e decine di templi furono edificati. Al periodo augusteo risalgono, tra gli altri, il Teatro di Marcello e il Pantheon, il tempio dedicato a "tutti gli dèi". Fu Augusto inoltre a fare del colle Palatino la residenza imperiale, imitato dai suoi successori: si trova così sul colle parte della Domus Aurea di Nerone.

All'età flavia risale invece il Colosseo, inaugurato da Tito nell'anno 80 d.C. Lo Stadio di Domiziano, la cui pista è oggi occupata da Piazza Navona, risale invece all'anno 86. Al nome di Traiano sono legati le Terme e il Foro inaugurati nel 109 e nel 112. Al III secolo risalgono invece le grandiose Terme Antoniane inaugurate da Caracalla nel 217. Tra il 271 e il 275 l'imperatore Aureliano dotò infine Roma di un'ultima cerchia muraria, lunga 19 chilometri, a racchiudere una città quale non si era mai vista prima sulla faccia della terra.

Il significato della città

Nel mondo antico erano pochi gli uomini che vivevano all'interno di mura urbane, perché le città erano poche, soprattutto quelle grandi. Agli occhi di un uomo del IV secolo a.C., o anche del II secolo d.C., la città, di cui Roma rappresentava il modello ideale, doveva apparire come un luogo assolutamente privilegiato, in cui la vita era meno in pericolo, e migliori le speranze di un'esistenza decente. Ma soprattutto, doveva sembrare il luogo in cui si potevano esercitare alcuni diritti, a condizione di possedere quel bene prezioso che era la cittadinanza.

La città ideale

I Romani erano perfettamente consapevoli dei vantaggi che la città offriva agli occhi dei popoli sottomessi, e infatti una delle prime iniziative che adottavano dopo la conquista era quella di costruirne una ad ispirazione di Roma. E il richiamo alla capitale avveniva sin dal rito di fondazione, dopo aver consultato gli dèi e tracciato il perimetro sacro detto pomerio. Le città romane seguivano poi tutte lo stesso schema. All'interno del pomerio venivano infatti tracciate due strade perpendicolari tra loro, il cardo massimo, secondo la direzione nord-sud, e il decumano, secondo l'asse est-ovest. All'incrocio, si trovava il centro politico, religioso e commerciale della città: il foro. Tutto attorno, nei quadrati originati da un reticolo di strade che correvano parallele al cardo e al decumano, detti *insulae*, cioè "isole" o "isolati", si sviluppavano le abitazioni più umili della plebe. Nelle città di nuova fondazione si trovavano poi tutte le strutture e gli edifici civili e religiosi tipici di Roma: oltre al foro, l'anfiteatro, la basilica, il tempio, le terme, gli acquedotti. Le città erano inoltre protette da cinte murarie; ma quando l'unificazione romana garantì una certa sicurezza, si espansero anche oltre il perimetro originario, ampliandosi lungo le strade di accesso.

Nell'ambito della grande ristrutturazione attuata a Roma da Augusto, la città fu suddivisa in quattordici distretti ("regiones"), a loro volta ripartiti in quartieri ("vici"). Augusto istituì poi un corpo di vigili del fuoco e tre coorti di polizia urbana, stabilì l'altezza massima delle case delle "insulae" e risistemò gli argini del Tevere.

1 Ara Pacis
2 Campo dei pretoriani
3 Terme di Diocleziano
4 Stadio di Domiziano
5 Terme di Nerone
6 Pantheon
7 Saepta Julia
8 Teatro di Pompeo
9 Portico di Ottavia
10 Terme di Traiano
11 Area della Domus Aurea
12 Colosseo
13 Tempio di Venere e Roma
14 Teatro di Marcello
15 Circo Massimo
16 Tempio del Divo Claudio
17 Portico di Emilia
18 Terme di Caracalla
19 Horrea galbana

Nel riquadro A, l'area dei Fori

La casa

Se l'uomo romano delle origini abitava in capanne costruite in legno o argilla, lo sviluppo della città e il comparire di sempre più spiccate differenze tra ricchi e poveri, potenti e meno potenti portò al differenziarsi delle varie abitazioni. I patrizi si costruivano case grandi e riccamente arredate in città (le "domus"), oppure, specialmente a partire dall'età imperiale, grandi ville di campagna.
La plebe si concentrava invece nelle piccole case costruite in grandi quartieri detti "insulae".

La "domus"

Nella sua prima forma, la *domus*, la casa dei ricchi, era costruita su un solo piano, attorno a un atrio al quale si accedeva dalla strada, attraverso un corridoio diviso in due parti *(vestibulum e fauces)* da una porta che si trovava a metà del corridoio. L'atrio era coperto da un tetto aperto al centro, detto *impluvium*, attraverso il quale l'acqua piovana cadeva in una grande vasca detta *compluvium* e da lì si raccoglieva poi in alcuni serbatoi. Nell'atrio, nei tempi più antichi, si svolgeva tutta la vita domestica. Ai quattro lati dell'atrio si trovavano varie stanze, tutte aperte verso l'interno; dalla parte dell'ingresso si trovavano le *tabernae*, cioè i negozi, aperti verso l'esterno. Di fronte all'ingresso si trovava il *tablinum*, una grande sala circondata da locali più piccoli e oltre la quale vi era un giardino detto *hortus*. In un secondo momento, l'*hortus* si sviluppò in un ampio giardino circondato da un porticato sul quale si affacciavano altre stanze più grandi. Nel IV secolo d.C., tra i circa 50.000 edifici censiti a Roma, circa 2000 erano *domus*.
La maggioranza delle abitazioni di Roma era costituita dunque da abitazioni meno nobili.

Nella pagina precedente, il tipico "hortus" romano nella Casa dei Vettii a Pompei e, sopra, un rilievo di età imperiale che raffigura un quartiere di "insulae".

Il tetto delle case romane era coperto da tegole di cotto a forma piana (A) e a forma curva dette embrici (B). All'estremo, la fila degli embrici era chiusa da un capotegola, detto "antefixum" (C).

A differenza dei Greci, i Romani attribuivano una grande importanza alla casa, che rispecchiava il ruolo sociale di chi la abitava. Le case dei ricchi erano le "domus" che, a partire dal III secolo a.C., in coincidenza con le conquiste romane a Oriente e quindi col grande afflusso di opere d'arte e arredi, si ingrandirono e diventarono sempre più lussuose. Nonostante il carattere signorile, le abitazioni all'esterno erano spoglie e quasi del tutto prive di aperture.

Lo sviluppo delle "insulae" durante il periodo tra la repubblica e l'impero fu dovuto in larga parte al continuo aumento della popolazione urbana. Più gente andò a vivere nello spazio ristretto della città, con il risultato che il prezzo del terreno edificabile salì e dunque risultò più conveniente costruire verso l'alto; un po' come succede oggi nelle metropoli americane dove l'alto costo del terreno edificabile spinge a costruire i grattacieli. Le "insulae" avevano piccoli appartamenti privi di ogni comodità, come l'acqua, gli scarichi o i camini.

Le "insulae"

Grandi quartieri erano composti da *insulae*, case popolari sviluppate in senso verticale (anche quattro o cinque piani) un po' come i nostri condomini. Le *insulae* erano costituite di appartamenti piccoli e scomodi e anche molto esposti al rischio di incendi e crolli. E gli incendi erano tanti e tali che Augusto pensò bene di istituire per Roma lo speciale corpo dei vigili del fuoco. Il piano terreno era in genere occupato da botteghe e magazzini; ai piani superiori, ai quali si saliva dal cortile interno attraverso scale di pietra strette e ripide, si trovavano i *cenacula*, piccoli appartamenti dove, a causa degli alti affitti, vivevano insieme numerosi inquilini.

L'illuminazione era scarsa e il freddo, nella stagione invernale, intenso: i Romani non conoscevano il sistema del tiraggio del fumo attraverso i camini, per cui i bracieri affumicavano facilmente i locali. Non esisteva l'acqua corrente e tanto meno i locali da bagno e i gabinetti.

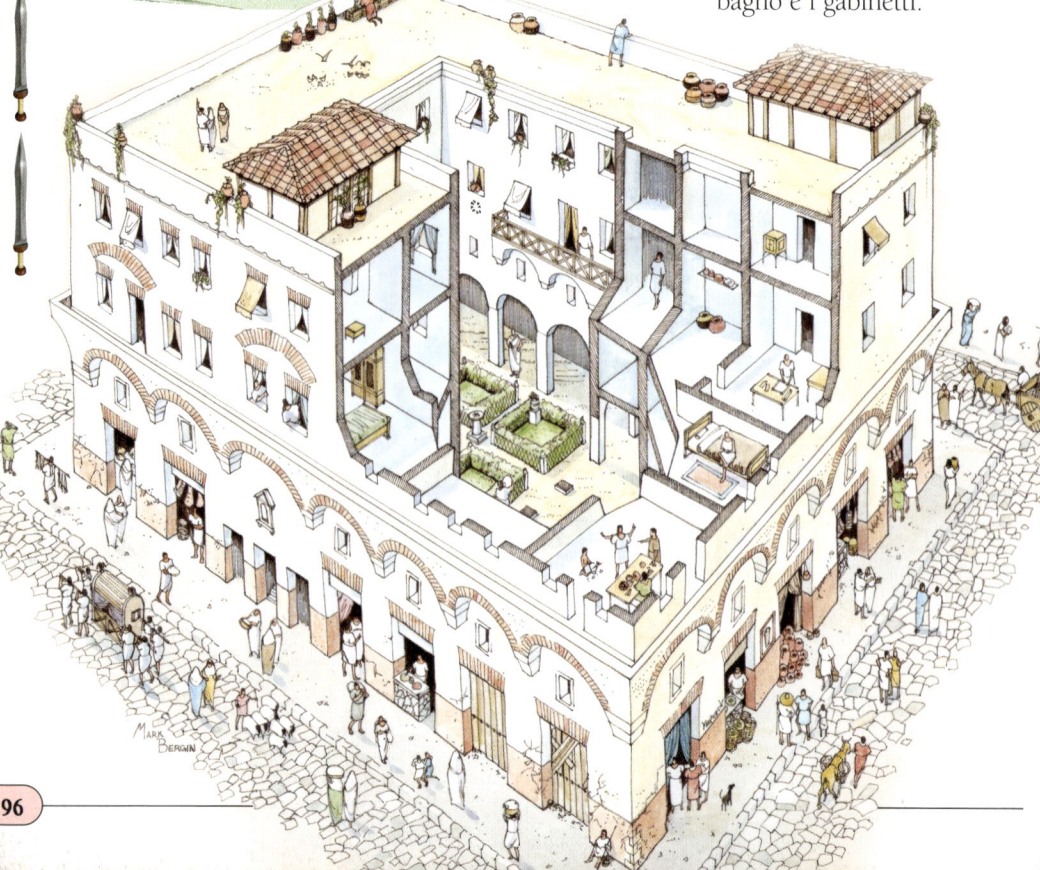

Nei quartieri dove si trovavano i caseggiati popolari la qualità della vita era decisamente scadente: le condizioni igieniche erano pessime, il traffico caotico e il rumore insopportabile. Nell'illustrazione in basso, una ricostruzione di un vicolo fra due "insulae". Nella foto, i resti di un edificio di quattro piani, a Ostia antica, detto Casa di Diana per una tavoletta in terracotta ritrovata su una delle pareti, che riproduce appunto la dea della caccia.

Sopra, la Villa di Poppea a Torre Annunziata, eretta nel I secolo d.C., si configura come una grande azienda dedita alla produzione di olio e vino ma anche come residenza sontuosa adatta all'ozio.

Le "villae" di campagna

L'abitazione di campagna era la *villa* che divenne, a partire dal III-II secolo a.C., il centro delle attività agricole, allo stesso tempo dunque residenza e azienda agricola. Essa era organizzata in modo da essere in grado di produrre tutto quello che serviva a chi la abitava.

Era divisa in genere in tre parti: la *pars urbana*, dove abitava il padrone; la *pars rustica*, dove vivevano il fattore che conduceva la villa in assenza del proprietario, gli operai liberi e gli schiavi; infine una *pars fructuaria*, in cui si trovavano gli ambienti per le lavorazioni: il frantoio, la cisterna del vino, le cucine, i depositi per gli attrezzi, le stalle.

Una "villa" che esprime bene le caratteristiche principali di questi articolati edifici d'età romana, è quella che si trovava in località Settefinestre, vicino a Orbetello. Innanzitutto, il luogo in cui venne costruita era ideale: sorgeva infatti nei pressi di un centro di scambio (la cittadina di Cosa) e a un'importante via di comunicazione come l'Aurelia; poi era in posizione salubre e sicura, disposta sul versante di un poggio, e inoltre non era lontana dalla costa. Era al tempo stesso abitazione del proprietario terriero e azienda agricola. Della "villa", sono arrivati fino a noi solo gli archi e il muro perimetrale.

L'ARREDAMENTO

Quello che colpisce oggi delle case romane, anche di quelle più ricche, è il fatto che erano arredate con pochi e semplici mobili. Del resto i locali della case, a parte il *tablinum*, erano spesso piuttosto piccoli.

La differenza tra le case ricche e le case povere stava dunque soprattutto nella qualità dei mobili, nei materiali impiegati per costruirli, nella lavorazione e anche nella presenza di suppellettili di arte finissima come vasi, statue, tripodi, tappeti, lanterne, e poi di affreschi e mosaici.

Sopra, le ricostruzioni di una poltrona del I secolo a.C. e di un letto di età imperiale elaborato sulla base di frammenti conservati nel Museo Nazionale Romano.

La vita privata

La vita di un cittadino romano si formava all'interno della famiglia in cui nasceva o nella quale entrava per adozione. Appartenere a una famiglia ricca e potente significava per un romano poter accedere alla carriera politica e ricoprire cariche importanti. Un romano agiato viveva quindi giornate molto diverse e più varie rispetto a un contadino e a un artigiano, impegnati a lavorare dall'alba al tramonto. Di scarso rilievo, soprattutto nell'età più antica, era il ruolo della donna, confinata all'interno della casa.

Una famiglia allargata

La famiglia romana era molto diversa da come la concepiamo noi oggi, composta da padre, madre e i figli. In una famiglia romana potevamo trovare infatti anche i figli adottivi, gli schiavi, i domestici, i clienti che ne dipendevano. Capo indiscusso era il *pater familias* che aveva diritto di vita e di morte sui figli, e poteva addirittura venderli come schiavi. In età imperiale questo diritto scomparve, rimanendo però sempre quello di poter ripudiare il neonato lasciandolo abbandonato sul suolo pubblico, dove il piccolo poteva morire o venir raccolto da chiunque per allevarlo come schiavo di casa. La famiglia romana non era dunque fondata sui vincoli di sangue, e questo probabilmente per un motivo economico: un capofamiglia preferiva lasciare il proprio patrimonio a un figlio che era lui stesso a scegliersi; ma vi era un'altra ragione, la madre aveva una scarsa importanza nella società romana.

Quando un neonato nasceva, la levatrice lo deponeva ai piedi del "pater familias". Se questi lo prendeva e lo sollevava al cielo, voleva dire che lo riconosceva come membro della propria famiglia; ma poteva essere che il padre non lo riconoscesse e in tal caso la sorte del neonato era segnata: veniva abbandonato. Dopo il riconoscimento, il neonato veniva affidato alle cure delle donne di casa.

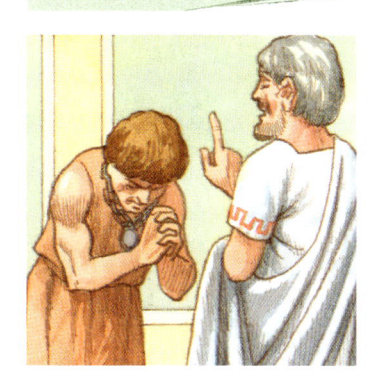

Il ruolo della donna

Crebbe tuttavia in età imperiale il ruolo della donna. Se un tempo essa poteva venire ripudiata dal marito, adesso poteva intentargli causa di divorzio e richiedere indietro la dote versata al momento del matrimonio. Certo è che la donna migliore, soprattutto se di famiglia patrizia, era ancora considerata quella che non si faceva notare, che si sottometteva al marito, che rimaneva in silenzio. E tuttavia, in una società mobile e ricca come quella della Roma imperiale, non era difficile trovare donne indipendenti, istruite, influenti presso gli uomini più potenti, ben lontane dal modello di sposa remissiva, dedita alla crescita dei figli, che l'ideologia tradizionale continuava a proporre.

Gli schiavi di famiglia erano trattati meglio di quelli che lavoravano i campi; ma erano comunque considerati come "cose". Qui a sinistra, il ritratto di una donna influente, Antonia madre dell'imperatore Claudio. Nella pagina precedente, la cerimonia delle nozze in una scultura di età imperiale.

L'ABBIGLIAMENTO

Prima di uscire di casa, un Romano era solito indossare una tunica, ma se era di rango elevato vestiva piuttosto la *toga*, un tessuto che avvolgeva tutto il corpo e ricadeva lungo le spalle. La donna romana, sopra la tunica indossava un abito lungo senza maniche: la *stola*.
Le calzature più diffuse erano i sandali di pelle, ma nella stagione fredda si calzavano anche gli stivali.

La "toga", indossata spesso sopra la tunica, era il costume nazionale dei Romani. Qui a fianco, una giovane atleta sfoggia il "subligar", una sorta di moderno bikini, in un mosaico del IV–V secolo d.C. Sotto, un affresco di una casa di Pompei (I secolo d.C.) con figure femminili riccamente abbigliate.

Una giornata tipo

Se il *pater familias* era un contadino o un artigiano, non c'era verso, la sua giornata era tutta occupata dai lavori agricoli o dalla propria attività. Se invece era una persona importante, anche lui si alzava all'alba per non sprecare la luce del giorno e, dopo una frugale colazione, riceveva i propri *clientes*. Poi tutti insieme si recavano in Senato oppure al foro dove il patrono aveva da sbrigare qualche affare. Dopo una breve sosta verso mezzogiorno per il pranzo, ciascuno riprendeva le proprie attività, ancora per due o tre ore. Al termine, patrono e clienti si recavano alle terme, i centri della vita mondana del tempo, per un intervallo di svago in compagnia degli amici. La donna romana rimaneva invece in casa a sovrintendere i lavori domestici delle schiave, per tessere o filare i vestiti per la famiglia, o per accudire i figli. Le donne dell'alta società dedicavano invece molto tempo alle cure del corpo e a vestirsi, mentre ai lavori domestici provvedeva la servitù.

A tavola

I pasti, durante la giornata, erano solitamente tre. Alla mattina, tra le otto e le nove, c'era lo *ientaculum*; a metà giornata, cioè tra le undici e mezzogiorno, il *prandium*, e infine la *cena*, dopo le quattro del pomeriggio, fino a sera.
I primi due pasti erano rapidi e leggeri; il terzo, la cena, era il pasto più importante.

Dopo il tramonto non era consigliato uscire perché la città non era sicura.
La famiglia romana rimaneva allora nell'intimità della quiete domestica.

Per cena, un romano benestante, se non proprio ricco, poteva trovare come antipasti uova, ortaggi, legumi, olive, funghi, carciofi, asparagi, ostriche, pesce salato, salumi; come cena vera e propria vari tipi di carne, soprattutto maiale (mentre il bue si preferiva conservarlo per i lavori agricoli), molta selvaggina (cinghiali, caprioli, daini, lepri, conigli, oche, anitre selvatiche, piccioni ecc.), e vari tipi di pesce. Il tutto condito con salse e annaffiato con il "mulsum", un vino mielato e molto leggero.
A parte una specie di cucchiaio per i cibi liquidi, non esistevano posate e così i Romani usavano le mani per portare il cibo alla bocca.

La vita pubblica

Assai più che in casa o in famiglia, la vita del cittadino romano si svolgeva in luoghi pubblici. Se da piccolo frequentava le scuole pubbliche, da adulto imparava ad apprezzare il piacere di recarsi alle terme, diffusissime nel mondo romano, a teatro dove poteva assistere agli spettacoli, e soprattutto al circo, dove si appassionava alle corse dei carri e alle lotte cruente che avevano come protagonisti i gladiatori.

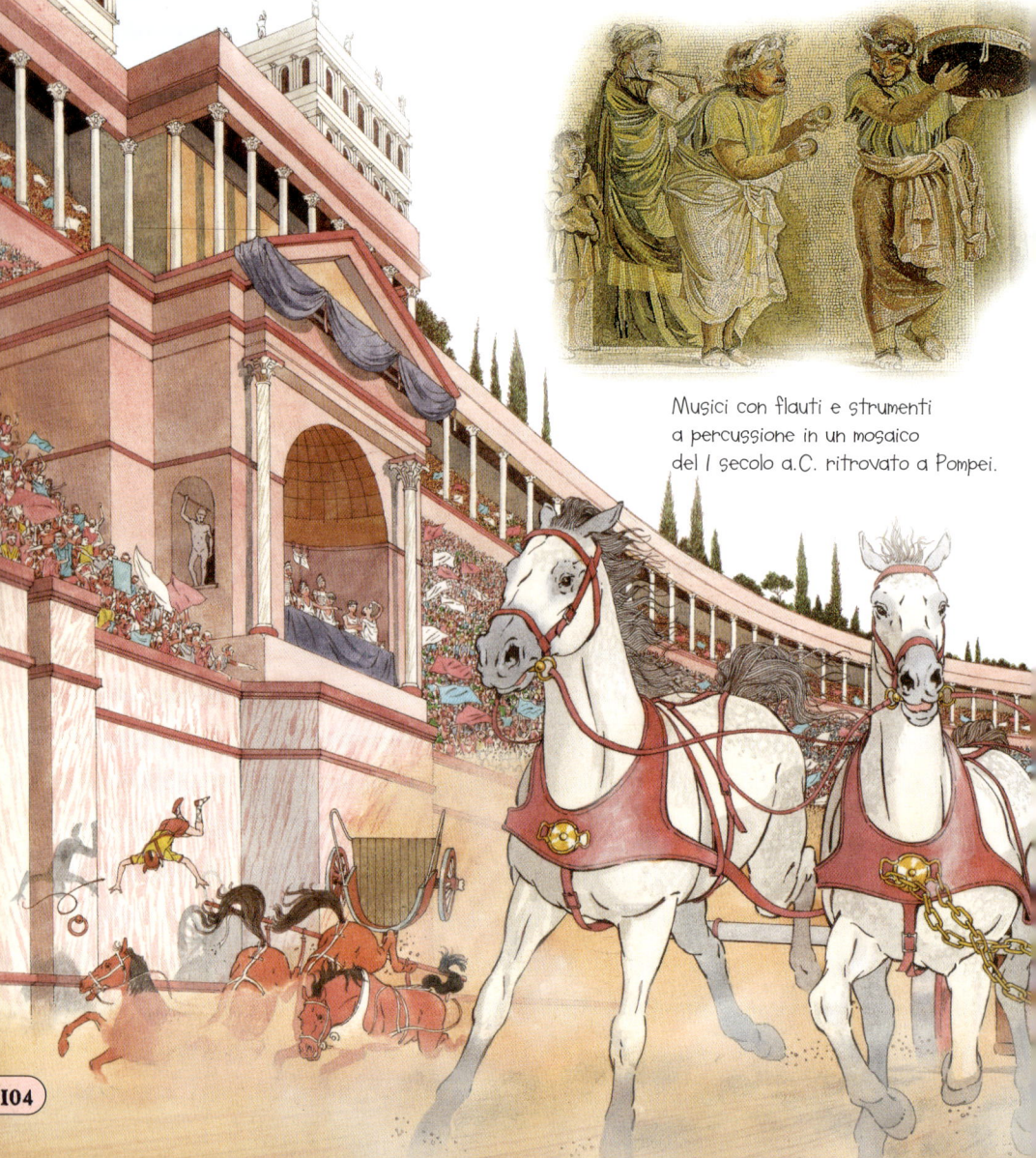

Musici con flauti e strumenti a percussione in un mosaico del I secolo a.C. ritrovato a Pompei.

La scuola

Lo stato romano non organizzò mai scuole elementari e inferiori pubbliche: le famiglie quindi dovevano in linea generale provvedere da sé a insegnare ai figli a leggere, a scrivere e a contare. Le famiglie più povere si affidavano a qualche scuola privata di pessima fama, collocata in luoghi bui e malsani, in cui era normale che il maestro, pagato poco e direttamente dalle famiglie, usasse la frusta. Le famiglie più ricche al contrario educavano in casa i loro figli, affidandoli alle cure di uno schiavo istruito. A partire dal II secolo a.C., intorno ai sette anni, i bambini cominciarono a frequentare scuole pubbliche che avevano sede nel foro, dove un *grammaticus* impartiva loro una severa disciplina e insegnava a leggere, scrivere e far di conto. Tra i dodici e i tredici anni, i ragazzi venivano affidati a un altro maestro, un *rethor*, per imparare l'arte dell'eloquenza. Anche le bambine andavano a scuola, ma dopo i dodici anni la loro educazione continuava in casa, ed era rivolta soprattutto alla musica, alla danza e all'economia domestica.

Uno degli spettacoli più appassionanti che si svolgevano nei circhi erano le corse dei carri tra aurighi che appartenevano a squadre diverse. Si trattava di gare molto pericolose sia per gli aurighi che guidavano i carri sia per i cavalli perché i carri erano molto fragili e gli incidenti mortali erano frequenti. Gli aurighi erano campioni popolarissimi, e alcuni di loro raggiunsero fama e ricchezza leggendarie.

Il "venator" (come questo in alto, in un affresco del II secolo d.C.) affrontava le belve negli spettacoli pubblici. Sotto, a sinistra un elmo dall'alto cimiero di un gladiatore trace; a destra, un elmo arrotondato di età imperiale appartenente a un "secutor", un gladiatore armato di spada e scudo. In età repubblicana, i gladiatori imitavano nell'abbigliamento i popoli nemici di Roma.

I PASSATEMPI DEI GIOVANI

Che cosa amava fare un giovane romano? Nuotare nel Tevere o esercitarsi con le armi al campo di Marte, ma anche passeggiare nei giardini della città oppure frequentare i locali pubblici dove non era difficile trovare compagnia e giocare d'azzardo coi dadi o alla morra. Un gioco molto diffuso era la dama, così come il gioco delle noci, simile al nostro gioco delle biglie. Un divertimento che andò affermandosi col tempo era la caccia a orsi, lupi e cinghiali, praticata in genere nelle grandi proprietà dei più facoltosi, e la pesca, praticata con lenze e ami. Diffusa soprattutto tra le donne, perché considerata una pratica effeminata, era la danza.

I "LUDI"

Ma il divertimento maggiore per un romano era senz'altro costituito dai *ludi*, spettacoli pubblici organizzati dallo stato, ma anche dai privati, in particolari occasioni e festività soprattutto a carattere religioso. Si trattava in genere di tre tipi di spettacoli: teatrali, *ludi circenses* cioè spettacoli da circo, e spettacoli gladiatori.

Tra gli spettacoli più apprezzati che si tenevano nei circhi, a Roma il Circo Massimo o il Circo Flaminio, vi erano le gare di cocchi trainati dai cavalli e guidati da aurighi, ma soprattutto i combattimenti tra gladiatori, già diffusi nel V secolo a.C. I *munera gladiatoria* si tenevano anch'essi nei circhi finché Cesare non fece costruire un primo anfiteatro di legno nel 46 a.C., poi sostituito da uno in pietra fatto costruire da Augusto nel 29 a.C., e successivamente dal grande Anfiteatro Flavio, il Colosseo.

La ricostruzione e una foto del Circo Massimo, a Roma. Intorno all'elemento centrale, la "spina", correvano i cavalli.

I GLADIATORI

Con il termine gladiatore si indica un particolare tipo di lottatore: il nome deriva dal "gladio", una piccola spada corta usata molto spesso nei combattimenti. Molto popolari e acclamati, i gladiatori erano riuniti in compagnie e addestrati in scuole apposite da un allenatore detto "lanista" che era anche il loro padrone. Ve ne erano di diverse categorie, a seconda del luogo di origine o delle armi utilizzate per combattere: una figura tipica di età imperiale era, ad esempio, il "reziario" che vestiva una corta tunica ed era armato di rete e tridente. In campo, i combattimenti proseguivano finché uno dei gladiatori era reso inoffensivo e poi era la folla, o l'imperatore stesso, a decidere le sorti dello sconfitto. Il primo spettacolo gladiatorio si svolse probabilmente nel 264 a.C.; gli ultimi nel IV secolo d.C., quando l'imperatore Costantino I, dopo aver abbracciato la fede cristiana, li proibì.

Sopra, una scena del film "Il gladiatore" di Ridley Scott, uscito nel 2000. Ebbe un successo planetario ma conteneva diversi errori storici.

Le terme

I Romani, dopo aver sbrigato i propri affari, nel pomeriggio amavano passare molte ore alle terme, luoghi in cui ricercavano il benessere fisico e avevano occasione di incontrare gli amici o di stabilire rapporti di affari. Le terme erano bagni pubblici, ma offrivano anche tutti i servizi che oggi potremmo trovare in un centro estetico: palestre, massaggi, depilazione, taglio dei capelli, uso di olii e saponi, ma offrivano anche sale di lettura e ambienti destinati a vere e proprie conferenze o a spettacoli di intrattenimento musicale. Nella tarda età imperiale Roma arrivò ad avere 11 terme pubbliche e oltre 800 terme private.

Le imponenti rovine del complesso termale di Caracalla, di cui impressiona ancora oggi la compattezza e l'altezza della struttura muraria.

L'articolato complesso delle terme di Caracalla poteva ospitare 1600 persone. Fu costruito sotto l'imperatore Caracalla tra il 212 e il 217 d.C. e rimase in funzione fino al 537, quando i Goti di Vitige tagliarono l'acquedotto Antoniniano che ne alimentava le gigantesche cisterne. Nella sua più ampia estensione, recinto compreso, l'edificio misurava 337 x 328 metri. A fianco, schema di un pavimento sopraelevato, sotto cui circolava l'aria calda. Sotto, uno "strigile" per detergere il corpo dagli unguenti e un paio di sandali.

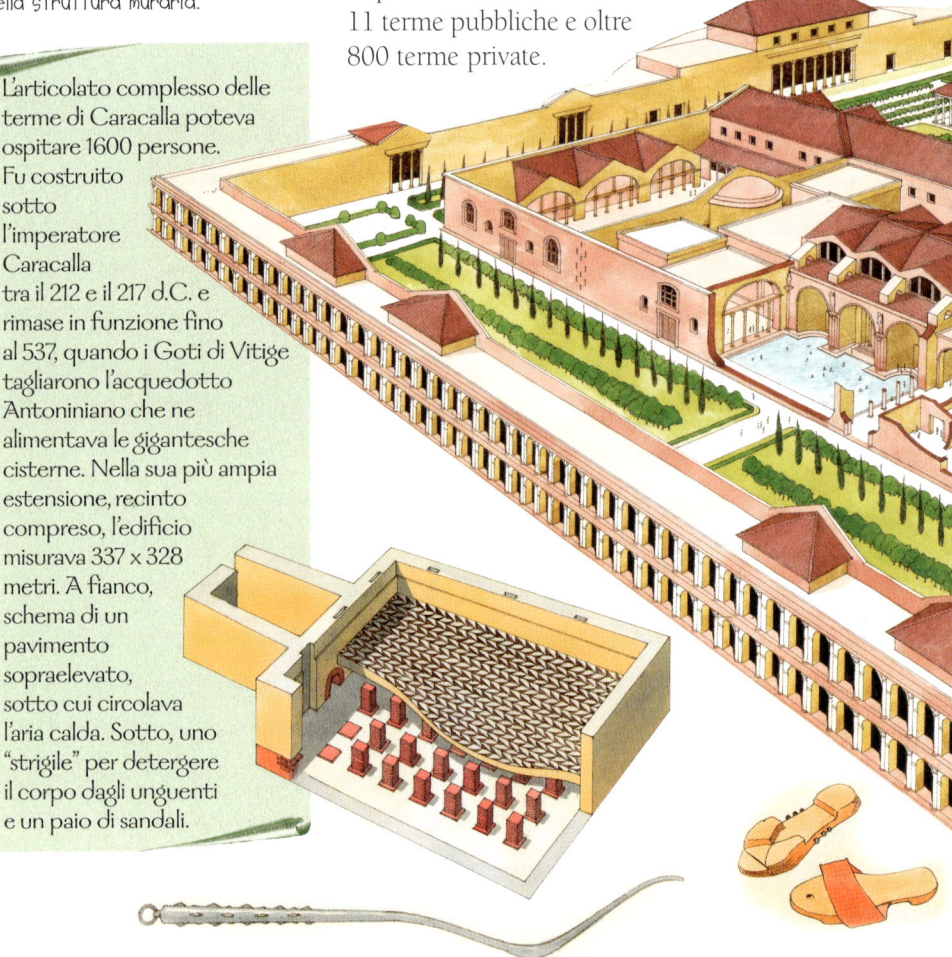

Come erano costruite le terme

Le terme di Caracalla seguivano i canoni stabiliti nel II secolo. Vi era un grande corpo centrale circondato da spazi verdi, a loro volta chiusi entro un recinto più esterno a porticato che, dalla parte opposta all'ingresso, comprendeva uno stadio, fiancheggiato dalle due grandi biblioteche greca e latina. Al corpo centrale si accedeva da quattro porte: lungo l'asse di ingresso si incontrava il "frigidarium", l'ambiente freddo per ritemprare il corpo; la grande basilica, coperta da tre volte a crociera; il "tepidarium", l'ambiente tiepido in cui si sostava prima del "calidarium"; infine appunto il "calidarium", l'ambiente circolare sormontato da una cupola. Ai lati di questi erano disposti in modo simmetrico gli spogliatoi, le palestre, i vestiboli e tutti gli altri ambienti di servizio.

In alto, le Terme di Caracalla nel plastico del Museo della Civiltà Romana e, qui a fianco, una tipica piscina termale, come quella delle terme romane della cittadina inglese di Bath.

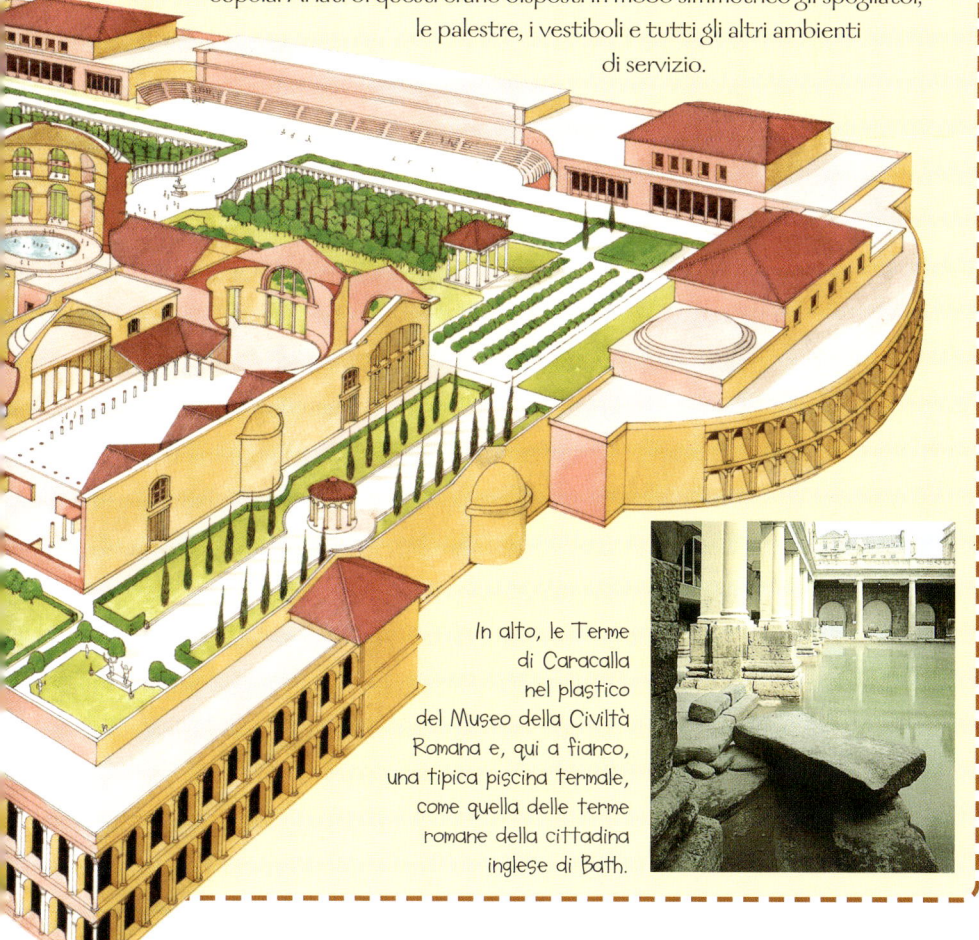

La scienza e la tecnologia

I Romani, a differenza dei Greci, erano spiriti molto pratici: non furono mai filosofi o scienziati grandi e innovativi come i Greci, ma in compenso furono grandi costruttori e ingegneri. Costruirono migliaia di chilometri di strade lastricate, progettarono imponenti acquedotti, innalzarono cupole enormi e ponti altissimi utilizzando mattoni, pietra e legname. Le testimonianze del loro ingegno sono sopravvissute fino a oggi, a 1500 anni dalla caduta dell'Impero.

La scienza

Ai Romani mancò sempre l'interesse per la ricerca teorica pura: erano assai più interessati alle applicazioni pratiche, a quello che si poteva fare di una determinata conoscenza. Per questo, per esempio, in discipline come la matematica e l'astronomia, molto astratte, fecero pochissimi progressi rispetto ai Greci. I Romani così compilavano piuttosto delle enciclopedie o dei manuali che, per lo più, riassumevano quanto i Greci già sapevano.

La geografia

Un certo sviluppo ebbe invece la geografia, ma questo perché gli imperatori erano interessati a conoscere estensione e confini dei propri domini e dei popoli che li abitavano. Marco Agrippa compilò per esempio, per incarico di Augusto, grandi carte geografiche dell'impero; nello stesso periodo, il greco Strabone descrisse le coste del Mediterraneo.

Il monumento più grande del mondo romano arrivato fino a noi è l'Anfiteatro Flavio, noto come Colosseo perché sul posto in cui fu costruito esisteva una colossale statua di Nerone. Il Colosseo fu voluto dall'imperatore Vespasiano ma fu inaugurato da Tito nell'anno 80 d.C. con giochi che si dice siano durati 100 giorni, in cui trovarono la morte circa 5000 belve e 2000 uomini. Luogo ideale per i combattimenti dei gladiatori, era alto quasi 50 metri, aveva un perimetro di 537 metri e presentava una triplice serie di 80 archi. Sopra, Vespasiano sovrintende ai lavori.

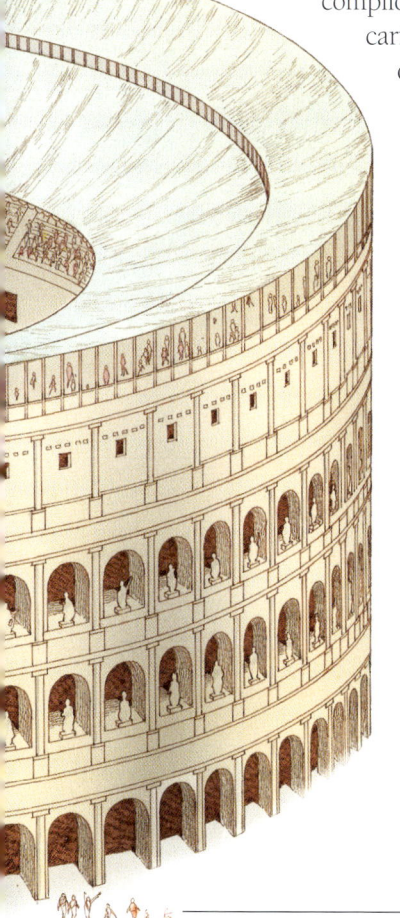

Secondo Tolomeo la Terra era al centro dell'universo e intorno a essa ruotavano i pianeti allora conosciuti e le stelle fisse.

L'ASTRONOMIA E LA MEDICINA

I maggiori scienziati di questo periodo furono invece un astronomo e un medico, entrambi greci formatisi ad Alessandria: Tolomeo (138-180 d.C.) e Galeno (130-200 d.C.). Il primo concepiva l'universo come una sfera al cui centro era la Terra, attorno alla quale ruotavano tutti gli astri. La sua concezione dell'universo era ancora ritenuta corretta all'inizio dell'età moderna, prima che le intuizioni di Copernico e le scoperte di Galileo la superassero.

Galeno fu invece il maggior medico dell'antichità: descrisse con accuratezza il cervello, il sistema nervoso, le ossa, l'apparato vascolare e muscolare. Si deve a Galeno la scoperta che il battito del polso aiuta a diagnosticare alcune malattie.

LA TECNOLOGIA

Per quanto riguarda la tecnologia, i Romani non apportarono sostanziali innovazioni alle conoscenze accumulate in età ellenistica. Non elaborarono idee nuove ma seppero costruire strumenti per innalzare enormi edifici monumentali che stavano in piedi grazie all'efficace utilizzo di una figura geometrica ben nota, l'arco, e a un particolare materiale da costruzione inventato proprio da loro: il calcestruzzo romano. Attraverso l'uso sapiente dell'arco e del calcestruzzo i Romani costruirono circhi, teatri, ponti e soprattutto acquedotti, le cui rovine costituiscono ancora oggi una caratteristica del paesaggio romanizzato.

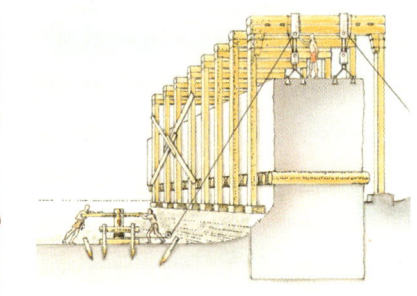

> Il Pantheon, il tempio dedicato a "tutti gli dèi", fu ricostruito sotto l'imperatore Adriano tra il 118 e il 128 d.C. Ha una pianta circolare ed è sormontato da una cupola che raggiunge un'altezza pari al suo diametro che è di oltre 43 metri. La cupola, priva di rinforzi, è in piedi da quasi venti secoli grazie alla particolare tecnica di composizione del cementizio romano.

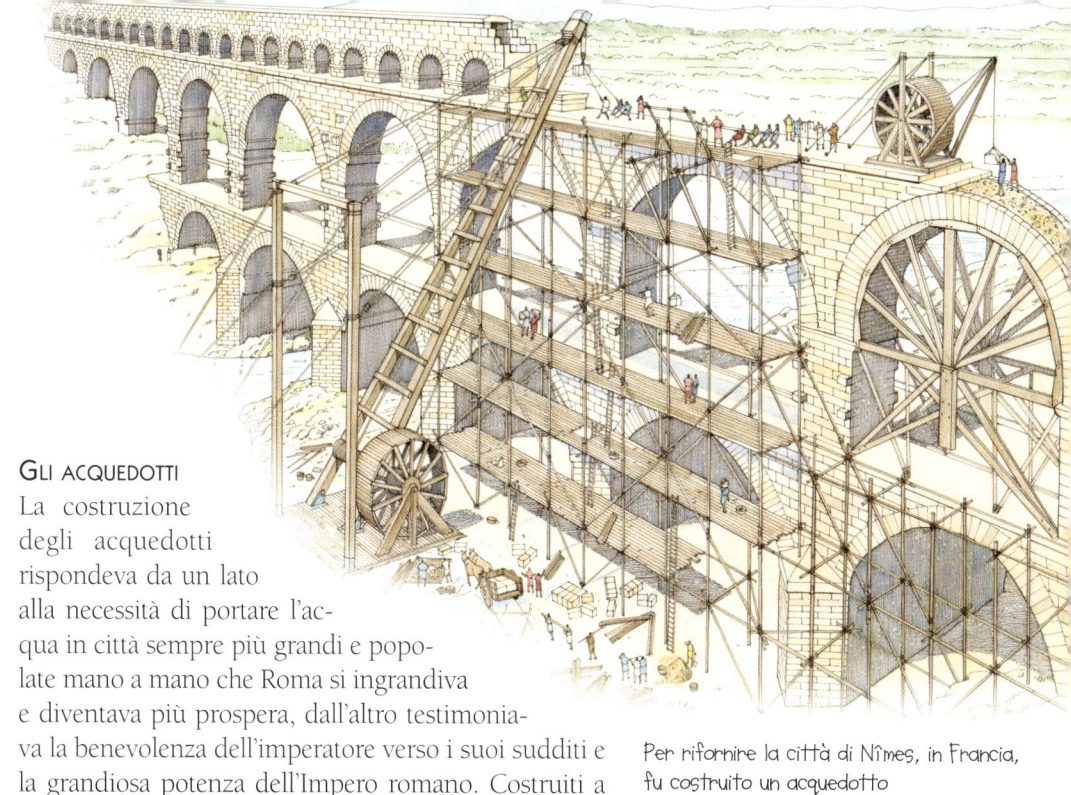

GLI ACQUEDOTTI

La costruzione degli acquedotti rispondeva da un lato alla necessità di portare l'acqua in città sempre più grandi e popolate mano a mano che Roma si ingrandiva e diventava più prospera, dall'altro testimoniava la benevolenza dell'imperatore verso i suoi sudditi e la grandiosa potenza dell'Impero romano. Costruiti a due e anche a tre ordini di arcate, gli acquedotti romani conducevano l'acqua a decine di chilometri di distanza senza impiegare pompe, ma facendola scorrere sempre in lieve pendenza; di qui la necessità che l'acquedotto fosse assai sopraelevato sul terreno, e il carattere monumentale che esso assumeva.

Per rifornire la città di Nîmes, in Francia, fu costruito un acquedotto che misurava più di 40 kilometri e che, per attraversare le valli, correva su ponti come questo sul fiume Gard, costruito nel 19 a.C.

LA MISURA DEL TEMPO

Alla fine del IV secolo a.C. i Romani dividevano il giorno in due parti, una prima di mezzogiorno e l'altra dopo. Fu soltanto al principio della Prima guerra punica che fu introdotto l'uso di contare le ore, come già facevano i Greci, attraverso l'impiego della meridiana. Circa il calcolo del tempo più lungo, i Romani dividevano il mese in tre date fisse, le none, le calende e le idi, e a partire da quelle nominavano tutti gli altri giorni. L'anno fu invece riformato da Cesare che, nel 46 a.C., introdusse l'anno solare di 365 giorni e i mesi con i giorni che hanno ancora oggi. Naturalmente, come in tutte le società agricole dell'antichità, il tempo della vita quotidiana era legato alla natura: all'alternarsi del giorno e della notte e delle stagioni del raccolto. Sopra, un calendario e, qui a sinistra, una meridiana del I secolo d.C. rinvenuta a Pompei.

La crisi e il crollo dell'impero

Nel III e nel IV secolo d.C. l'Impero romano precipitò in una crisi profonda. Attaccati su più fronti dalle tribù germaniche e dal potente popolo dei Parti, indeboliti da una drammatica epidemia di peste, impoveriti da una inarrestabile crisi economica, gli imperatori cercarono in ogni modo di impedire il collasso: l'Impero fu così diviso in due parti: quello d'Occidente collassò, quello d'Oriente riuscì invece a sopravvivere. In questo contesto si affermò la religione cristiana.

L'IMPERO ACCERCHIATO

Gli ultimi anni del principato di Marco Aurelio avevano visto succedere una serie di eventi che a poco a poco avrebbero minato i fondamenti della società imperiale. Una violenta epidemia di peste aveva spopolato le campagne e le città, provocando una diminuzione della produzione agricola e artigianale cui seguì un aumento dei prezzi che avrebbe rovinato l'economia imperiale. Al tempo stesso i barbari del nord si erano fatti più aggressivi, anche se Marco Aurelio era riuscito a respingerli. L'Impero romano doveva inoltre fare i conti, a Oriente, con un impero altrettanto potente, quello dei Parti, che a partire dal 226 d.C. era caduto sotto il controllo di una dinastia molto aggressiva: i Sassanidi. I Parti avrebbero inflitto una serie di sconfitte ai Romani fino alla catastrofe del 260 quando – fatto senza precedenti – lo stesso imperatore Valeriano venne sconfitto e catturato.

Sopra, cammeo del IV secolo che raffigura il combattimento tra Valeriano e Shapur, sovrano partico. Nella pagina precedente, particolare del "Sarcofago Ludovisi" con scena di battaglia tra Romani e Germani.

I "BARBARI"

A nord e al centro dell'Impero, lungo tutto il confine del Reno e del Danubio, si addensavano i pericoli maggiori. Le tribù germaniche, da tempo insediate fra la Germania, la Scandinavia e le pianure dell'Europa centro-orientale, erano sempre state attratte dalla ricchezza delle città romane, ma adesso venivano sospinte entro i confini dell'impero dalla pressione di altre popolazioni che, a loro volta, si erano mosse dal lontano oriente verso occidente: gli Unni.

A partire dal III secolo, le tribù germaniche vennero federandosi sotto la guida di popoli più numerosi e forti, Goti, Franchi e Alemanni in particolare, e si fecero così aggressive che l'imperatore Aureliano ritenne necessario dotare Roma nel 270 d.C. di una nuova, possente, cinta di mura.

Qui sopra, due guerrieri germani in un acquerello francese dell'Ottocento.

La reazione degli imperatori

Di fronte a tutte queste sfide, lo stato romano cercò di organizzarsi.

L'imperatore Gallieno (218-268 d.C.) attuò un'imponente riforma militare: arruolò anche dei mercenari di origine barbara portando gli effettivi dell'esercito a oltre 500.000 uomini, che tuttavia costavano molto. E fortificò ulteriormente i confini.

Gli imperatori furono così costretti ad aumentare le tasse, suscitando perciò nuovo malcontento, e imposero il culto della propria persona: soltanto un potere dispotico e assoluto poteva sperare di riportare ordine in un impero sconvolto.

Per difendersi dalle tribù germaniche che si trovavano oltre i fiumi Reno e Danubio, i Romani edificarono una possente fortificazione lunga migliaia di chilometri: il "limes", che correva lungo la riva occidentale dei due fiumi. In alto, la porta di un accampamento lungo il "limes" in una ricostruzione e, sotto, un tratto del Vallo di Adriano.

L'Imperatore Gallieno, raffigurato in questo frammento di una statua di età imperiale.

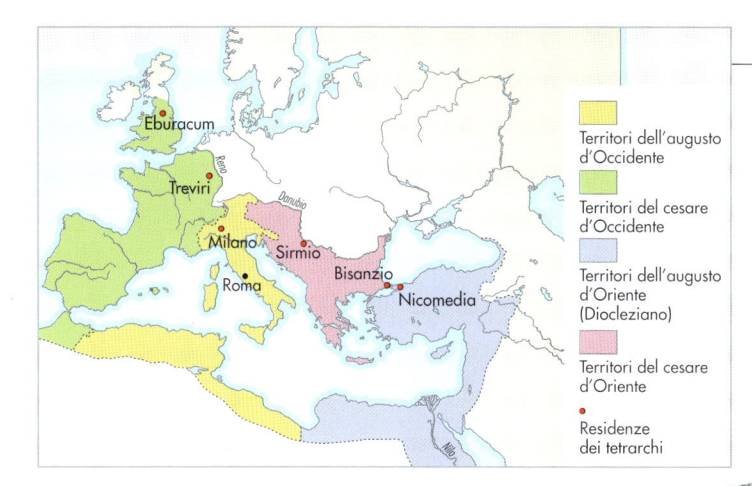

Territori dell'augusto d'Occidente
Territori del cesare d'Occidente
Territori dell'augusto d'Oriente (Diocleziano)
Territori del cesare d'Oriente
Residenze dei tetrarchi

Sotto, il gruppo scultoreo dei Tetrarchi (oggi in San Marco a Venezia), espressione del riordinamento imperiale di Diocleziano.

Ritenendo con ciò di assicurarne una più efficace difesa, Diocleziano (243-313 d.C.) divise addirittura l'impero in due parti, creando l'istituto della tetrarchia che ripartiva il potere fra due imperatori (augusti) e due vice-imperatori (cesari).

I CONTADINI RIDOTTI ALLO STATO SERVILE

La condizione dei contadini liberi peggiorò in modo drastico. L'imperatore Diocleziano, per assicurare allo stato regolari tasse in natura, vietò di fatto ai contadini di abbandonare la terra che lavoravano. Fissati alla terra, i contadini, che erano il novanta per cento della popolazione dell'impero, caddero di fatto in uno stato semi-servile, anticipando così la figura medievale del servo della gleba: stava finendo l'era del cittadino libero, tipica del mondo antico.

LA BATTAGLIA DI ADRIANOPOLI

Il 9 agosto del 378 a.C., vicino alla città di Adrianopoli, in quella che oggi è la Tracia turca, Goti e Romani si scontrarono in una grande battaglia e l'esercito romano fu sorprendentemente sconfitto; l'imperatore Valente, che in quel momento governava la parte orientale dell'impero, trovò la morte nella battaglia. Fu la conclusione di una vicenda che era iniziata qualche anno prima quando migliaia di Goti, in fuga dagli Unni, si erano presentati sulle rive del Danubio chiedendo ai Romani il permesso di entrare nell'Impero. Quella battaglia ebbe un'eco profondissima: da quel momento infatti gli imperatori, incapaci di fermare militarmente le invasioni, cominciarono ad adottare una politica basata sul principio di integrare i barbari nell'impero. Ma il crollo definitivo era ormai solo questione di tempo.

Costantino

Costantino (274-337 d.C.) fu forse l'ultimo dei grandi imperatori romani. Nel 324 restaurò l'unità dell'impero che Diocleziano aveva diviso ma soprattutto comprese appieno la forza della religione cristiana. Convocò per esempio un concilio nel 325 a Nicea per decidere alcune questioni importanti sulla fede cristiana. Inoltre, sul sito dell'antica città di Bisanzio, sulle rive del Bosforo, Costantino fece edificare una nuova capitale, Costantinopoli, futura capitale dell'Impero Romano d'Oriente.

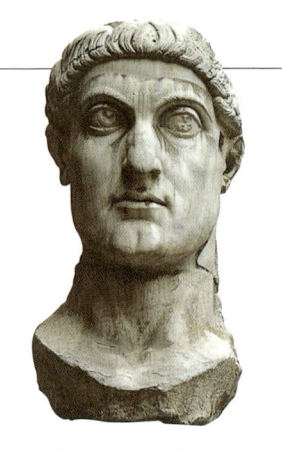

Testa di una colossale statua dell'imperatore e, sotto, l'Arco di Costantino che celebra la sua vittoria sul rivale Massenzio nella battaglia di Ponte Milvio del 312.

Il cristianesimo e l'impero

All'epoca di Costantino il cristianesimo era ormai diffuso nel mondo romano, sebbene gli imperatori avessero spesso manifestato ostilità nei confronti della nuova religione. Della tradizione ebraica, i cristiani conservavano infatti un rigido monoteismo, cioè la fede in un unico Dio creatore del mondo, e perciò rifiutavano di praticare i culti dovuti all'imperatore. Nonostante poi che si dichiarassero obbedienti all'autorità imperiale, a partire dalla metà del I secolo d.C. i cristiani erano ormai troppo numerosi e tenaci in questo rifiuto per non incorrere nella repressione. E così imperatori come Nerone, Traiano, Marco Aurelio e Diocleziano ordinarono grandi persecuzioni contro le comunità cristiane, che tuttavia non impedirono alla nuova religione di diffondersi a tal punto da diventare, in un paio di secoli, la religione dominante nell'impero. Nel 313 d.C., Costantino dichiarò legittimo il culto cristiano che, nel 380, l'imperatore Teodosio impose come sola religione ammessa nell'impero: era la fine della tradizionale tolleranza religiosa dei Romani.

In alto a sinistra, affreschi nella catacomba di via Latina (IV secolo); sopra, rilievo del V secolo con le due lettere dell'alfabeto greco che indicano il Cristo; sotto, Gesù tra gli apostoli Pietro e Paolo nella catacomba dei santi Marcellino e Pietro.

Nella cartina, la situazione dei territori imperiali all'indomani della fine ufficiale dell'Impero romano.

La fine dell'Impero d'Occidente

Alla morte di Costantino l'impero venne nuovamente diviso e fu poi riunificato da Teodosio (347-395 d.C.), un generale di origine spagnola, succeduto a sua volta a Valente che era stato sconfitto e forse ucciso in battaglia contro i Goti nel 378. Teodosio fu l'ultimo imperatore romano a governare su un territorio unificato.

Alla sua morte, l'impero fu infatti nuovamente diviso. La parte occidentale non riusciva tuttavia più a tenere a freno le tribù germaniche stanziate nei propri territori, neanche ricorrendo al loro arruolamento massiccio nei ranghi dell'esercito. Mentre Costantinopoli, sotto l'imperatore d'oriente Teodosio II (401-450 d.C.), venne difesa da una nuova cerchia di mura, la capitale d'Occidente apparve molto indebolita e fu trasferita nel 402 a Ravenna che, circondata da paludi, sembrò all'imperatore Onorio (384-423 d.C.) meglio difendibile di Roma. In effetti, nel 410 Roma fu conquistata e saccheggiata dai Vandali di Alarico, un fatto che a molti apparve come la fine del mondo. I territori occidentali erano ormai in potere di capi militari germanici, il cui nome oscurava quello di imperatori che non contavano nulla. I Vandali si erano stabiliti in Africa, i Visigoti in Spagna, i Franchi in Gallia, Sassoni, Iuti e Angli in Britannia. Nel 476, un capo barbaro che in quel momento comandava in Italia, Odoacre, pose fine alla finzione di un imperatore che in effetti non comandava più e depose l'ultimo degli imperatori romani, Romolo Augustolo. L'Impero Romano d'Occidente si era definitivamente dissolto.

La conquista di Roma da parte dei Goti di Alarico fu avvertita come evento epocale. In particolare, Sant'Agostino, uno dei Padri della Chiesa cristiana, vide nella caduta della Città Eterna il segno della prossima fine del mondo e della punizione che Dio infliggeva alla capitale del paganesimo. In basso, il sacco di Roma da parte dei Visigoti in un'illustrazione ottocentesca.

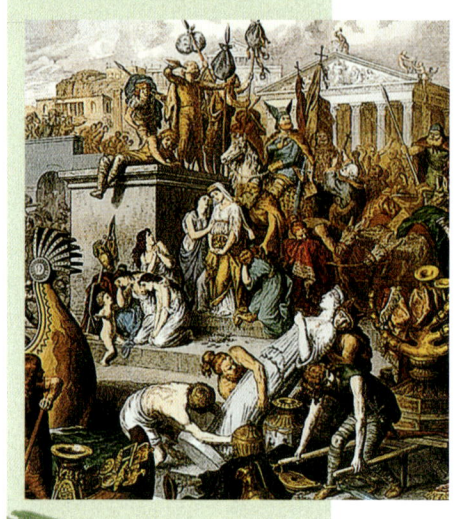

COSTANTINOPOLI

La città che l'imperatore Costantino decise di trasformare in una "Nova Roma" nel 330 d.C., attratto dalla sua posizione geografica sulle rive del Bosforo, a metà strada tra l'area danubiana e l'Oriente, era un'antica città greca, fondata da coloni di Megara nel 667 a.C. Costantino decise di rifondarla dopo un sogno profetico: egli allargò lo spazio contenuto all'interno della cinta muraria aggiungendovi numerosi edifici, templi e strutture pubbliche di grande pregio. Dopo la caduta di Roma, Costantinopoli divenne la capitale dell'Impero Romano d'Oriente, o Impero bizantino.
Alla metà del VI secolo la città era popolata da circa mezzo milione di persone, una cifra enorme per l'epoca. A lato, la Basilica di Santa Sofia, voluta dall'imperatore Giustiniano nel VI secolo. Fu poi trasformata in moschea dai Turchi dopo la conquista del 1453.

L'IMPERO ROMANO D'ORIENTE

Il crollo riguardò in effetti solo la parte occidentale dell'impero. Perché la parte orientale riuscì a respingere la pressione delle tribù germaniche e gli imperatori che avevano sede a Costantinopoli riuscirono a mantenere il controllo della vasta fascia che andava dall'Asia minore all'Africa.
I sudditi di Costantinopoli continuarono a chiamarsi e furono chiamati "Romani", la loro lingua ufficiale continuò a essere il latino (ma sempre più rimpiazzato dal greco) e l'Impero d'Oriente non rinunciò mai ai suoi diritti sui territori occidentali.
Nel VI secolo d.C., il grande imperatore d'Oriente Giustiniano (483-565 d.C.) tentò di riunificare, e quasi ci riuscì, l'Oriente e l'Occidente. Ma ormai, l'epoca del potente, grandioso e temuto Impero Romano era definitivamente tramontata.

L'imperatore Giustiniano effigiato su una moneta e nel mosaico di San Vitale della fine del IV secolo d.C. a Ravenna.

CRONOLOGIA

AVANTI CRISTO

IX sec. Il popolo dei Latini si insedia nel Lazio.
VII sec. Intorno al Palatino, i villaggi latini formano una lega.
753 Fondazione di Roma e inizio del governo dei re.
509 Dopo la cacciata di Tarquinio il Superbo, viene istituita la repubblica: è la prima data certa della storia romana.
494 I plebei, con una secessione, ottengono l'istituzione del tribunato della plebe.
450 Prima legislazione scritta: le Leggi delle XII Tavole.
445 Abolito il divieto di matrimonio fra patrizi e plebei.
396 Vittoria sugli Etruschi e distruzione della città di Veio.
390 I Galli di Brenno mettono a sacco la città di Roma.
350 Intorno a questa data viene costruito il porto di Ostia.
367 Riforme Licinie-Sestie: anche i plebei possono diventare consoli.
343-341 Prima guerra sannitica.
340-338 Guerra contro i Latini.
338 Sconfitta dei Volsci e conquista del porto di Anzio. Anche Cuma e Capua, contese ai Sanniti, entrano a far parte dei domini romani.
326-304 II guerra sannitica.
321 Disfatta alle Forche Caudine.
298-290 III guerra sannitica.
282 Guerra tra Roma e Taranto che si allea con Pirro, re dell'Epiro.
280 Vittoria di Pirro a Eraclea: i Romani si scontrano per la prima volta con un esercito ellenistico appoggiato da elefanti.
275 Definitiva sconfitta e ritiro di Pirro dall'Italia. Tre anni dopo Taranto diventa romana.
264 Inizia la Prima guerra punica.
260 Il console Caio Duilio sconfigge i Cartaginesi nella battaglia navale di Milazzo.
256 La spedizione in Africa del console Marco Attilio Regolo termina con una dura sconfitta da parte dei Cartaginesi.
241 Sconfitta dei Cartaginesi alle Egadi. Nel trattato di pace che segue, la Sicilia passa sotto il dominio di Roma che, nel 238, otterrà anche Sardegna e Corsica.
221 a.C. Il console Claudio Marcello conquista *Mediolanum* (Milano) ai Galli Insubri.
218 Sagunto, in Spagna, cade in mano cartaginese: ha inizio la Seconda guerra punica. Annibale oltrepassa Pirenei e Alpi e sconfigge gli eserciti romani.
216 Battaglia di Canne: dura sconfitta dei romani da parte dell'esercito di Annibale.
210 Publio Cornelio Scipione porta la guerra in Spagna per tagliare i rifornimenti ad Annibale.
207 Sul Metauro, sconfitta di Asdrubale, fratello di Annibale.
204 Scipione sbarca in Africa.
202 Battaglia di Zama e resa di Cartagine che rinuncia alla Spagna e alle regioni africane della Numidia.
201 Roma entra in guerra contro il regno ellenistico di Filippo V di Macedonia.
148 La Macedonia diviene una provincia romana.
149 Inizia la Terza guerra punica.
146 Scipione Emiliano conquista e distrugge Cartagine e i territori di quest'ultima diventano la Provincia romana d'Africa. In Grecia, Corinto si ribella ma viene anch'essa distrutta, e tutta la Grecia passa sotto il dominio della provincia di Macedonia.
133 Scipione Emiliano conquista Numanzia, capitale dei rivoltosi Celti di Spagna. Roma è padrona del Mediterraneo.
133 Riforma agraria del tribuno della plebe Tiberio Gracco che viene assassinato dall'aristocrazia senatoria.
123 Caio Gracco vara una nuova legge agraria: anche il suo tentativo si risolve nel sangue.
107 Caio Mario, generale e uomo politico, attua una riforma dell'esercito e del reclutamento.
91 Guerra sociale con gli alleati italici (*socii*) che chiedono parità di diritti. Al termine ottengono la cittadinanza.
88 Mitridate, re del Ponto, invade la provincia d'Asia. A Roma intanto scoppia la guerra civile tra le opposte fazioni di Lucio Cornelio Silla e di Caio Mario.
82 Sbaragliati i sostenitori di Mario e con l'appoggio di Gneo Pompeo e Marco Licinio Crasso, Silla diventa dittatore a vita.
70 Pompeo e Crasso ottengono il consolato.
73-71 Rivolta degli schiavi guidati dal gladiatore Spartaco.
67 Pompeo ottiene il comando su tutto il Mediterraneo: poi vince sui pirati e su Mitridate.
60 Primo triumvirato, formato da Pompeo, Crasso e Giulio Cesare.
59 Cesare, al comando per cinque anni degli eserciti in Gallia e in Illiria, inizia una campagna di conquista di nuovi territori.
55 Prima spedizione di Cesare in Britannia.
52 Assedio e conquista di Alesia: il re Gallo Vercingetorige si sottomette a Cesare.
51 Cesare porta a termine la conquista della Gallia.
49 Cesare non scioglie l'esercito per rientrare in Italia e marcia su Roma: inizia la guerra civile contro Pompeo, che si rifugia in Egitto.
48 A Farsalo, Cesare sconfigge Pompeo, che poi sarà ucciso da

Tolomeo XII, fratello di Cleopatra.
46 Cesare entra a Roma da trionfatore e assume la dittatura.
44 Il 15 marzo (*idi*) Cesare viene assassinato da una congiura guidata dai nobili Cassio e Bruto.
43 Secondo triumvirato formato dai sostenitori di Cesare Marco Antonio e Emilio Lepido, e dal nipote ed erede Ottaviano.
42 A Filippi Antonio e Ottaviano sconfiggono gli assassini di Cesare.
36 Lepido viene costretto a ritirarsi dal triumvirato.
32 Ottaviano dichiara guerra a Cleopatra, regina d'Egitto che aveva accolto Marco Antonio.
31 Battaglia navale di Azio: Antonio e Cleopatra vengono sconfitti e l'anno dopo si suicidano ad Alessandria. Ottaviano è il padrone assoluto di Roma.
28 Il Senato dà a Ottaviano il titolo di "Augusto", il consolato e il supremo comando militare. Inizia la nuova età dell'Impero.
12 Augusto assume la carica di pontefice massimo; iniziano le operazioni militari in Germania.

DOPO CRISTO

14 Alla morte di Augusto gli succede Tiberio: inizia la dinastia Giulio-Claudia.
37 Muore Tiberio e Caligola è il successore.
41 Caligola viene ucciso da una congiura; gli succede Claudio.
54 Agrippina avvelena Claudio; gli succede il figlio di lei, Nerone.
64 Incendio di Roma.
68 Nerone è dichiarato nemico pubblico e si suicida.
69 Contese per il trono: emerge vincitore Vespasiano, fondatore della dinastia Flavia.
70 Tito, figlio di Vespasiano, occupa Gerusalemme. Inizia la diaspora degli ebrei.
79 Tito diviene imperatore.
81 A Tito succede Domiziano.
96 Una congiura elimina Domiziano: principato di Nerva che inizia la dinastia degli Antonini.
99 Traiano è il primo imperatore di origine non italica. Massima espansione dei territori imperiali.
117 A Traiano succede Adriano.
138 Ad Adriano succede Antonino Pio, adottato da Adriano prima della morte.
161 d.C. Marco Aurelio governa insieme al fratello Lucio Vero per i primi otto anni di regno. Deve respingere le pressioni dei Parti e dei barbari del nord ai confini.
180 Commodo succede al padre Marco Aurelio, morto in seguito ad un'epidemia di peste.
192 Una congiura elimina Commodo. L'esercito assume sempre più potere.
197 Dopo un periodo di anarchia, Settimio Severo rimane unico imperatore.
199 Settimio Severo riprende il controllo delle regioni orientali dell'impero invase dai Parti.
211 Morto Settimio Severo, salgono al trono i figli Geta e Caracalla che fa uccidere il fratello.
235 Rivolta delle legioni e uccisione dell'imperatore Alessandro Severo. Segue un lungo periodo di anarchia militare. Fino al 284 si succedono almeno diciotto imperatori, oltre ad usurpatori, pretendenti, e figli o colleghi associati al trono.
260 Valeriano è sconfitto dai Persiani: morirà in prigionia. Gli succede il figlio Gallieno, che arruola anche mercenari barbari.
270 Sale al trono Aureliano. La spinta dei popoli del nord si fa sempre più violenta.
284 Viene proclamato imperatore Diocleziano.
293 Nasce la tetrarchia: Galerio e Costanzo vengono nominati cesari, destinati a succedere agli augusti Diocleziano e Massimiano.
303 Diocleziano proibisce il culto e attua la più grande persecuzione contro la comunità cristiana.
306 Costantino, figlio di Costanzo, viene proclamato imperatore dalle legioni britanniche.
312 Nella battaglia di Ponte Milvio muore Massenzio, erede di Massimiano, ultimo ostacolo per Costantino al dominio sull'Occidente.
313 Con l'Editto di Milano viene riconosciuta piena libertà di culto ai cristiani.
324 Costantino restaura l'unità dell'impero.
330 Viene inaugurata la nuova capitale, Costantinopoli.
337 Costantino, sul letto di morte viene battezzato dal vescovo della città di Costantinopoli.
364 Valentiniano e Valente si spartiscono l'impero fra Occidente e Oriente.
379 Teodosio è proclamato imperatore in Oriente: l'Occidente è retto da Graziano (figlio di Valentiniano) fino al 383.
395 Alla morte di Teodosio, l'impero è definitivamente diviso fra i due figli: Onorio (Impero Romano d'Occidente) e Arcadio (Impero Romano d'Oriente).
410 I Visigoti mettono a sacco Roma.
423 Muore Onorio: fino al 475 gli succedono dodici imperatori, dominati dai capi dell'esercito.
476 Il re erulo Odoacre depone Romolo Augustolo, l'ultimo imperatore d'Occidente e restituisce le insegne dell'impero a Costantinopoli.

INDICE ANALITICO

A

Abbigliamento **102**, 106
Acquedotti 17, 91, 92, 93, 108, **113**, 112
Adozione (per la successione al trono) 31, 87
Adriano **88**, 89, 92, 112, 116
Ager 19
Ager publicus 31, 33
Ager romanus 22
Agricoltura 21, 35, 76
Agrippa, Marco 111
Agrippina 123
Alessandro Magno 27, 54, 73, 76, 77
Alimenti (vedi anche pasti) 31, **103**
Anco Marzio 17
Andronico, Livio 58
Angli 120
Annibale 52, 53, 122
Antonino Pio 43, **89**, 123
Antonio, Marco 78, 123
Anzio 23, 122
Appio, Claudio Cieco 46
Appio, Claudio Caudice 50
Ara Pacis **81**, 93
Arcadio 123
Arco di Costantino 118
Arco di Tito 87
Aristocrazia 39, 40, 44, 49, 58, 71, 76, 122
Armi 38, 44, 74, 106, 107
Artigianato, artigiani 11, 31, **34**, 43, 82, 103, 115
Ascanio 15, 60
Asdrubale 53, 122
Attalo 54
Attalo III 55
Attilio Regolo, Marco 51, 122
Augusto (titolo) 79, 123
Augusto 14, 15, 60, 61, 79, 81, 82, 83, 85, 86, 90, 92, 93, 96, 106, 111, 123
Aureliano 92, 115, 123
Aurighi **105**, 107
Aventino (colle) 13
Azio 78, 123

B

Baccanali 65
Barbari 26, 73, 88, **115**, 117, 120, 123
Basilica Emilia 41, 56
Battaglie:
- Adrianopoli **117**
- Alesia **74**, 75, 122
- Canne 52, **53**
- delle nazioni 25
- Forche Caudine 25, 122
Brenno 24, 120, 122
Britannia 86, 89, 122
Bruto 77, 123

C

Caio Duilio 49, 122
Caligola 86, 123
Campania 10, 11, 13, 24, 25, 26, 29, 34, 36, 49
Campidoglio (colle) 13, 91, 92
- tempio 18, 91
Candidati **41**
Capua 25, 46, 53, 122
Caracalla 92, 108, 123
Cartagine 7, 27, 34, 46, 50, **51**, 52, 53, 54, 55, 59, 91, 122
Cartaginesi 47, 53, 54, 122
Casa romana
- *domus* **95**
- *insula* 93, **96**, 97
- *villa* 34, **98**
Catone, Marco Porcio 54, 59
Cavalieri 20, 27, 31, 35, 43, 69, 81, 87
Celio (colle) 13

Celti 24, 55, 122
Censimento 20, 33, 40
Centuria 19, 39, 45
Cesare, Caio Giulio 15, 24, 60, 61, 71, 72, **73**, 74, 75, 76, 77, 78, 86, 107, 113, 122, 123
Cicerone, Marco Tullio 61, 77
Cimbri 69, 70
Città federate 29
Cittadinanza, cittadini romani 19, 21, 28, 29, 31, 32, **33**, 35, 41, 43, 55, 70, 82, 86, 88, 93, 122
Circo 107
Circo Flaminio 91, 107
Circo Massimo 91, 93, 107
Cleopatra 78, 123
Clientela, *clientes* **32**, 33, 103
Cloaca Maxima 91
Colonie 29
- greche 11
Colonna Traiana 88
Colosseo 87, 92, 93, 107, 111
Comizi
- *centuriati 38, 39, 40*
- *tributi 39, 40*
Commodo 89, 123
Consolato 31, 39, 40, 122, 123
Consoli 31, 39, 40, 41, 43, 122
Contadini 20, 21, 28, 31, 68, 117
Coorte 42, 45
Corinto 11, 18, 55, 122
Corvi (sulle navi) **47**
Costantino 89, 107, **118**, 119, 120, 121, 123
Costantinopoli 118, 120, **121**, 123
Crasso, Marco Licinio 73, 76, 122
Cristianesimo 65, 89, **119**
Cuma 10, 11, 25, 122
Curia 18
Curio Dentato 27
Cursus honorum 39, 41

D

Dinastia
- Antonina 88, 123
- Flavia **87**, 123
- Giulio-Claudia **86**, 123

Diocleziano 117, 118, 119, 123
Dittatura **71**, 123
Divus 77, 86

E

Ebrei **87**, 123
Economia monetaria **36**
Educazione 105
Egitto 28, 76, 78, 122, 123
Elefanti 27, 51, 52, 53, 122
Ellenistici regni 28, **54**
Emilia 10, 26, 46
Enea 15, 60
Eneide **60**
Equi 8, 23, 29, 34
Età del Bronzo 13
Etruria 13, 18, 34, 46
Etruschi 7, 8, 10, 13, 14, 17, 19, 24, 25, 64, 91, 122
- lega 11, 25
- lingua, 10
- origine **10**

Esercito (romano) 7, 19, 20, 21 25, 27, 31, 43, 42, 44, 45, 46 52, 54, 69, 71, 74, 75, 81, 83, 116, 117, 120, 122, 123
Esquilino (colle) 13, 92
Eufrate 76, 79, 83

F

Falange **26**, 27, 45
Famiglia 32, 40, 63, 64, 65 **101**, 103
Farnace 76

Fibula Praenestina 57
Filippo V di Macedonia 55, 122
Flotta **46**, 50, 51
Foro 13, 18, 41, 77, 82, 91, 92, 93, 103, 105
Fortificazioni (vedi anche *Limes*) 7
- Vallo di Adriano 116
Franchi 115, 120

G

Galeno 112
Galerio 123
Galli 25, **24**, 51, 52, 53, 74 75, 91, 122
Gallia 24, 61, 73, 74, 75, 76, 81, 89, 120, 122
Gens 15, **20**
Germani (popolazioni) 61, 74 83, 115, 120, 121
Germania 83, 89, 115, 123
Giochi 82, 86, 111
Giove 13, 17, 62, 64
Giugurta 69
Giustiniano 121
Gladiatori 69, 82, 106, **107**, 111
Goti 108, 115, 117, 120
Gracco, Caio, 68, 122
Gracco, Tiberio 68, 122
Grecia 11, 54, 58, 76, 79, 122
Guerra sociale 70, 122
Guerre civili **71**, 73, 75, 81
Guerre puniche
- prima 49, **50**, 113, 122
- seconda 29, 52, 55, 122
- terza **53**, 122
Guerre sannitiche 25, 44, 122

I

Imperator 77
Imperium 39

Impero bizantino 6
Impero Romano 7, 84, 88, 89, 115, 120
Impero Romano d'Occidente 120, 123
Impero Romano d'Oriente 118, **121**, 123
Isola Tiberina 13
Iulo (vedi Ascanio) 15
Iuti, 120

L

Lapis Niger 57
Latifondo 34, 67
Latini 8, 13, 15, 19, 23, 24 32, 60, 122
- lega dei villaggi 17, 122
Lavinia, 60
Lazio 10, 13, 17, 33, 57, 60, 122
Leggi delle XII Tavole **40**, 122
Legione **44**, 45
Lepido, Marco Emilio 78, 123
Letteratura classica 60
Liberti 32
Liguri 10
Limes 7, **88**, 116
Lingua latina **57**
Livio, Tito 14, 61
Lucania 25, 27
Lucilio, Caio 59
Lucio Vero 123
Lucullo, Lucio Licinio, 71
Ludi **107**
Lupa 15

M

Macedoni 54
Macedonia 28, 29, 54, 55, 122
Magistrati 32, 38, 39, **40**, 43
Magistrature 40, 41

Magna Grecia **11**, 26
Marco Aurelio **89**, 115, 119, 123
Mare Nostrum 7
Mario, Caio 45, **69**, 70, 71, 73, 122
Massenzio 118, 123
Mediterraneo 7, 28, 36, 44, 49, 73, 111, 122
Mercenari 28, 45, 116, 123
Mitridate 71, 76, 122
Monarchia 19
Monete 11, **37**
Municipi 29
Mura Serviane 19

N

Navi 37, 47, 51
Nerone 86, 87, 92, 111, 119, 123
Nerva 88, 123
Numa Pompilio 17
Numidi, Numidia 53, 54, 69 89, 122

O

Odoacre 120, 123
Onorio 120, 123
Oratoria 59, 60, **61**
Orazio Coclite **21**
Orazio, Quinto Flacco 60, 83
Ostia 36, **37**, 122
Ottaviano (vedi anche Augusto) 15, 78, 79, 81, 123
Ovidio, Publio Nasone 14, 60, 83

P

Palatino (colle) 13, 15, 16, 17, 92, 122
Pantheon 92, 93, 112

Parti 73, **76**, 89, 115, 123
Pasti 103
Patres familias 18, *101*, *103*
Patrizi 18, 20, **21**, 31, 33, 39, 40, 68, 70, 73, 122
Perseo 29
Pirro 26, 27, 28, 54, 122
Plauto, Tito Maccio 58
Plebe, plebei 20, **21**, 31, 32, 33, 35, 39, 41, 40, 49, 51, 69, 76, 77, 82, 83, 85, 86, 91, 93, 122
Pomerio 14, 15, 93
Pompeo, Gneo 71, **73**, 75, 76, 91, 122
Ponte Sublicio 21
Pontefici 65
Pretoriani 83, 85, 86, 93
Proletari, *proletarii* 20, 39, 44 69, 82
Provincie 82, **89**
Puglia 25, 26, 34, 52

Q

Quirinale (colle) 13

R

Ratto delle Sabine 14
Ravenna 120, 121
Re (di Roma, vedi anche Monarchia) 17, 18, 39, 91
Religione
 - àuguri 65
 - culti orientali **65**
 - divinità **62**, 63, 64
 - Lari e Penati 64, 65
 - *Pontifex Maximus* 64, 65, 81
 - spiriti 63
Remo 15
Reno 74, 83, 115, 116
Repubblica 7, 39, 40, 43, 52, 61, 60, 70, 75, 79, 122
 - ordinamento repubblicano **38**, 40
Roma (città)
 - edifici della città imperiale **93**
 - imperiale 82, 92, 95, 107, 108, 113
 - origini 7, 17, 13, 16, 21
 - primi secoli 18, 19, 91
 - schema 13
Romagna 51
Romolo 14, 16
Romolo, Augustolo 120, 123
Romolo e Remo (leggenda) **15**
Rostri 49

S

Sabini 8, 13, 17, 19
Sacco di Roma 24, 120
Sallustio 61
Sanniti 8, 10, 24, 25, 26, 70, 122
Sassanidi 115
Sassoni 120
Schiavi, schiavismo 21, **32**, 34 35, 37, 40, 46, 66, 67, 69 73, 75, 81, 89, 98, 101, 122
Scipione Emiliano 54, 55, 122
Scipione, Publio Cornelio 52, 53, 122
Scrittura 57
Scuola **105**
Secessione 39, 40, 122
Senato, **18**, 31, 39, 43, 65, 68, 71, 76, 77, 79, 81, 82, 85, 86, 87, 88, 103, 123
Servio Tullio 19, 37, 39
 - Riforma Serviana **19**
Sette colli 13, 16
Settimio Severo 123
Sicilia 11, 27, 37, 49, 50, 51 67, 122
Silla, Lucio Cornelio 71, **70** 73, 122

Soldati (romani) 21, 27, 34, 39
   43, 44, 45, 47, 53, 69, 74
   76, 82, 87
Spagna 24, 51, 52, 53, 55, 67
   73, 81, 89, 120, 122
Spartaco **69**, 122
Stadio di Domiziano 92, 93
Strabone 111
Strade romane **46**
Svetonio 61

T

Tacito, Cornelio 61
Taranto 11, 26, 27, 28, 49,
   52, 58, 122
Tarquinio Prisco 18
Tarquinio il Superbo 39, 91, 122
Tasse 20, 21, 24, 33, 35, 39,
   55, 82, 116, 117
Teatro **58**, 59, 91
Teatro di Marcello 92, 93
Teatro di Pompeo, 93

Tempo (misura) **113**
Teodosio 119, 120, 123
Teodosio II 120
Terme 92, 93, 103, **108-109**
Terme di Caracalla 93, 108, 109
Terracina 19, 36
Tetrrchia 117, 123
Teutoburgo 83
Teutoni 69, 70
Tevere 8, 13, 15, 19, 23, 37,
   85, 93, 106
Tiberio 86, 123
Tito 87, 92, 111, 123
Tolomeo (sovrano d'Egitto) 28,
   54, 123
Tolomeo, Claudio (astronomo)
   112
Toscana 10, 11, 17
Traiano 7, 84, **88**, 89, 92, 119, 123
Tribuni della plebe 39
Triumvirato 76, 78
   122, 123
Tullio Ostilio 17

U

Umbria 25
Unni 115

V

Valente 117, 120, 123
Valentiniano 123
Valeriano 115, 123
Vandali 120
Veio 17, 23, 122
Venere (dèa) 15, 62
Veneti 10, 24
Vercingetorige 72, 74, 122
Vespasiano 87, 111, 123
Vestali **64**
Villa Adriana 88
Viminale (colle) 13
Virgilio, Publio Marone 14, 60, 83
Visigoti 120, 123
Volsci 8, 23, 26, 34, 122